처음부터 배우는 철학 수업

처음부터 배우는
철학 수업

김영도 지음

다온길

프롤로그

생각이 달라지면 하루가 달라진다

철학은 멀리 있는 어려운 학문처럼 보이지만 사실 이미 우리의 하루 속에서 조용히 움직이고 있는 '생각의 기술'이다. 똑같은 상황에서도 사람마다 기분이 전혀 다르게 느껴지는 이유나 어떤 말 한마디가 이상하게 오래 마음에 남는 순간처럼 익숙한 장면들 속에서 철학은 자연스럽게 작동하고 우리가 느끼는 감정과 판단 뒤에는 늘 여러 생각의 흐름이 있다. 이 흐름을 조금만 들여다보면 막혀 있던 마음의 길이 서서히 열리기 시작한다.

철학은 머리로만 공부하는 지식이 아니라 '지금의 나'를 이해하는 가벼운 방법이다. 예를 들어 괜히 답답한 날 '왜 이렇게 피곤하지?'라고 스스로에게 묻는 것만으로 마음이 조금 정리되고 누군가의 말투가 유난히 신경 쓰였던 이유도 차분히 생각해 보면 금세 실마리가 보인다. 이렇게 작은 질문 하나만 던져도 복잡했던 마음은 단순해지고 한층 가벼워진다.

일상의 작은 순간들도 모두 철학적 질문을 품고 있다. 카페에서 늘 마시던 메뉴를 또 고르면서 '왜 그냥 익숙한 걸 선택했지?'하고 스치는 생각이 떠오르거나 누군가의 말에 마음이 흔들렸던 이유를 조용히 들여다보는 순간처럼 특별한 지식 없이도 철학은 아주 가볍게 시작된다. 일상 속 작은 질문만으로도 생각의 문은 자연스럽게 열린다.

그리고 무엇보다 철학은 마음을 한 발짝 뒤에서 바라보게 해준다. 바쁘고 정신없는 날일수록 '내가 지금 무엇을 가장 원하고 있는지'를 조용히 묻는 시간은 마음을 안정시키고 하루의 흐름을 부드럽게 바로잡아 준다. 문제를 단숨에 해결해 주지는 않더라도, 방향을 잃어버린 마음이 다시 제 속도로 돌아올 수 있도록 도와주는 은근한 힘이 된다.

철학은 거창한 깨달음을 요구하지 않는다. 복잡한 마음을 차분히 정리하고 익숙한 하루 속에서 새로운 의미를 발견하게 만들어 주는 작은 도구에 가깝다. 이런 작은 도구들이 하루 곳곳에 스며들면 생각은 자연스럽게 가벼워지고 마음은 한층 따뜻해지며 앞으로의 시간을 더 편안하게 비춰 주는 부드러운 불빛이 된다.

김영도

차례

프롤로그 _ 생각이 달라지면 하루가 달라진다   4

1장
철학은 생각보다 우리 가까이에 있다

01 철학은 왜 우리 삶에서 계속 등장하는가	11
02 아무도 알려주지 않은 생각의 구조	15
03 왜 우리는 같은 일을 다르게 해석할까	19
04 정답보다 중요한 왜라는 마음	23
05 철학을 알면 고민이 가벼워지는 이유	28

2장
평범한 하루에 숨어 있는 철학

01 왜 화나면 판단이 흐려질까	33
02 선택지가 많을수록 더 어려워지는 이유	38
03 똑같은 말도 사람마다 다르게 들리는 이유	43
04 맞다와 틀리다 사이에 숨어 있는 또 다른 기준	48
05 손해 보기 싫은 마음이 우리를 속이는 순간	53
06 바쁜데도 아무것도 못 하는 날의 철학	58
07 왜 나는 늘 같은 실수를 반복할까	63
08 가까운 사람일수록 더 서운해지는 이유	68
09 지금의 나를 만든 작은 선택의 힘	73
10 모른다고 말하는 것이 더 현명할 때	78

3장
생각하는 방법을 처음부터 다시 배우다

01 생각이 복잡해지는 이유를 이해한다	85
02 판단을 금방 내리는 뇌의 습관을 알아본다	89
03 한 번 더 생각하면 보이는 새로운 정보들	93
04 스스로에게 질문을 던지는 습관 만들기	97
05 생각 정리가 잘 되는 사람들의 작은 비밀	101

4장
좋은 질문이 나를 더 똑똑하게 만든다

01 문제를 바꾸는 질문의 힘	107
02 나쁜 질문이 나쁜 결정을 부른다	111
03 답보다 질문이 먼저인 이유	116
04 질문 방식에 따라 관계가 달라진다	120
05 좋은 질문은 성장의 시작이다	124

5장
관점을 바꾸면 문제도 새로 보인다

01 같은 상황도 관점이 달라지면 새롭게 보인다	129
02 감정이 만드는 왜곡을 알아차리기	134
03 관점 이동이 고민을 가볍게 하는 이유	138
04 나에게 유리한 해석을 세우는 법	142
05 관점을 전환하는 사람들의 사고 습관	147

6장
흔들리지 않는 내면을 만드는 철학

01 감정은 조절이 아니라 이해에서 시작된다	153
02 마음이 쉽게 지치는 이유를 알아본다	157
03 불안과 걱정이 커지는 구조 이해하기	161
04 중심을 잃을 때 다시 서는 방법	165
05 내면의 힘은 천천히 자라는 기술이다	169

7장
사람을 이해하는 철학적 시선

01 사람은 왜 이렇게 예측하기 어려울까	175
02 관계가 어려워지는 진짜 이유	181
03 서로 다른 가치관이 충돌하는 순간	187
04 내 마음과 타인의 마음을 다르게 보는 법	191
05 관계를 편하게 만드는 관점의 기술	195

8장
나에게 맞는 삶을 찾는 철학

01 나는 무엇을 원하고 있는가	201
02 삶이 복잡해지는 이유를 이해한다	207
03 때로는 내려놓음이 선택이 되는 순간	211
04 나만의 속도로 살아도 괜찮다는 철학	216
05 오늘부터 적용할 수 있는 작은 태도	220

〈처음부터 배우는〉 시리즈

"처음부터 배우는" 시리즈는 막연히 어렵게 느껴지는 주제들을 누구나 이해할 수 있도록 쉽게 풀어낸 입문서 시리즈입니다. 철학, 심리, 인문학 등 생각의 깊이를 다루는 분야를 친숙하고 명확하게 설명하여, 처음 접하는 독자들도 편안하게 다가갈 수 있도록 구성했습니다. 이 시리즈는 단순한 지식 전달이 아니라, 스스로 '생각하는 힘'을 기르는 데 초점을 두고 있습니다. 복잡한 개념보다는 삶 속에서 자연스럽게 떠오르는 질문을 중심으로 이야기하며, 독자들이 사고의 폭을 넓히고 자신만의 관점을 형성하도록 돕습니다.

또한 핵심 개념을 반복적으로 다루어 이해를 깊게 하고, 생각의 흐름을 스스로 정리할 수 있도록 구성했습니다. 같은 내용을 여러 각도에서 다시 바라보게 함으로써 독자들이 '생각의 구조'를 몸에 익히고, 일상 속에서도 인문학적 통찰을 발견할 수 있게 합니다.

부제인 "생각하는 사람들의 비밀 노트"는 단순히 지식을 배우는 책이 아니라, 사유와 통찰의 과정을 함께 나누는 기록이라는 뜻을 담고 있습니다. 이 시리즈는 '생각의 즐거움'을 다시 깨닫게 하고, 바쁜 일상 속에서도 자신만의 철학을 세워가려는 모든 이들에게 작은 길잡이가 될 것입니다.

1장

철학은 생각보다
우리 가까이에 있다

01
철학은 왜 우리 삶에서 계속 등장하는가

아침에 눈을 뜨는 순간 사람들은 마음의 미세한 결을 스스로 느끼며 오늘의 감정이 어떤 방향에서 비롯되는지 조용히 살핀다. 빛의 온도와 공기의 흐름 속에서 설명되지 않은 감정이 스며들면 사람들은 자신도 모르게 그 이유를 찾기 시작한다. 이런 움직임은 특별한 지식 없이도 자연스럽게 일어나며 사람들은 자신에게 질문을 던지는 과정 속에서 하루를 열어간다. 이 질문은 사소한 감정의 출처를 찾는 일이면서 동시에 자신을 이해하려는 사유의 시작이 되고 사람들은 이 순간부터 이미 철학적 시선을 조용히 깨운다.

◆ ◆ ◆

사람들과의 관계에서도 철학은 부드럽게 작동한다. 같은 말인데도 어떤 날은 따뜻하게 들리고 어떤 날은 가슴 한쪽을 불편하게 찌르는 이유를 떠올릴 때 사람들은 이미 관계를 해석하는 깊은 영역으로 들어간다. 평소와 다르지 않은 말투가 유난히 거슬릴 때 사람들은 단순한 기분 변화로 넘기지 않고 자신의 감정 기준을 찾아가며 왜 이런 차이가 생겼는지 살핀다. 그 과정에서 사람들은 자신이 중요하게 생각하는 가치나 민감하게 반응하는 지점을 이해하고 관계 속에서 자신의 위치가 어떻게 형성되는지도 조금씩 깨닫는다. 이러한 흐름은 감정과 관계의 결을 탐색하는 자연스러운 사유이며 철학은 이 움직임 속에서 더욱 깊어진다.

사람들이 같은 상황을 서로 다르게 받아들이는 장면에서도 철학의 존재는 선명하게 드러난다. 누군가에게는 위로로 들리는 말이 다른 사람에게는 부담으로 느껴지는 이유는 각자가 지닌 기억과 경험이 다르게 작동하기 때문이다. 오래된 기억이 지금의 감정에 영향을 주거나 사소한 경험이 새로운 반응을 만들어낼 때 사람들은 자신이 어떤 기반 위에서 감정을 선택하는지 되묻는다. 이 질문은 자신만의 해석 방식을 이해하는 과정이며 사람들은 이런 흐름 속에서 자신이 세계를 바라보는 고유한 관점이 어떻게 형성되었는지 깨닫는다. 이 깨달음은 감정과 행동을 정리하는 데 도움을 주고 철학은 그 과정을 통해 자연스럽게 삶 안에 자리를 잡는다.

이해되지 않는 행동이나 예상치 못한 변화와 마주할 때 사람들의 사유는 더욱 깊어진다. 가까운 사람이 평소와 다른 반응을 보이면 사람들은 말투의 흔들림이나 표정의 흐름 속에서 이유를 찾으려 하며 관계의 전후 맥락을 떠올린다. 이러한 탐구는 상대의 감정뿐 아니라 자신의 마음도 함께 바라보게 하며 관계의 구조를 더 넓고 깊게 이해하도록 이끈다. 작은 변화 속에서도 많은 질문이 떠오르고 사람들은 그 질문을 통해 마음의 결을 살피며 자신이 어떤 감정을 지키고 싶은지 확인한다. 철학은 이 과정에서 감정의 언어처럼 작동하며 사람들과의 관계를 해석하는 토대를 조용히 쌓아준다.

일상의 고요한 순간에서도 철학은 자연스럽게 모습을 드러낸다. 버스 창밖 풍경을 바라보며 문득 이유 없는 평온이 스며들 때 사람들은 지금의 삶이 어떤 선택들로 이루어졌는지 되돌아본다. 과거의 감정이 현재에 어떤 의미를 남겼는지, 앞으로 무엇을 중심에 두고 살아가고 싶은지를 조용히 묻는 이 시간은 마음을 정리하는 중요한 과정이다. 이는 단순한 회상이 아니라 마음의 기준을 재정비하는 흐름이며 사람들은 이 과정에서 자신이 지키고 싶은 가치와 바라는 방향을 다시 확인한다. 이때 철학은 지식을 쌓는 행위가 아니라 마음속에서 작동하는 부드러운 언어처럼 느껴지고 사람들은 그 언어를 통해 스스로를 바라본다.

사람들이 철학을 필요로 하는 또 하나의 이유는 복잡한 일상 속에서 균형을 잡기 위해서다. 감정은 일정하지 않고 관계는 예측하기 어렵게 흐르며 선택은 늘 의도와 다르게 흘러갈 때가 많다. 이런 불확실한 흐름 속에서 사람들은 자신만의 판단 기준을 필요로 하고 그 기준은 질문과 관찰을 반복하는 과정에서 형성된다. 무엇을 우선해야 하고 어떤 감정을 지켜야 하는지를 스스로 정리하는 과정은 삶을 균형 있게 유지하는 데 중요한 역할을 한다. 철학은 이러한 기준을 세우는 내면의 기반이 되고 사람들은 철학적 시선을 통해 순간의 감정에 흔들리지 않고 자신이 원하는 방향을 더 분명하게 선택한다. 이

기반은 하루의 많은 장면을 안정적으로 바라보는 힘으로 이어진다.

 사람이 철학을 멀리할 수 없는 이유는 삶이 본래 질문으로 이루어져 있기 때문이다. 하루 동안 사람들은 감정의 흐름을 이해하려 하고 관계의 결을 살피며 선택의 의미를 정리하려는 움직임을 반복한다. 이러한 질문들은 마음의 구조를 깊게 만들고 삶을 바라보는 시선을 다듬는다. 철학은 학문 속에서만 존재하는 개념이 아니라 지금 이 순간에도 마음과 생각 사이를 천천히 흐르는 내면의 언어이며 사람들은 이 언어를 통해 자신만의 의미 지도를 그린다. 이러한 지도를 따라 사람들은 삶의 여러 장면을 해석하는 기준을 만들고 그 기준은 다시 더 나은 선택으로 이어진다. 이렇게 쌓인 철학적 시선은 삶의 복잡한 순간을 이해하고 자신에게 맞는 방향을 찾는 데 필요한 힘이 된다.

02
아무도 알려주지 않은 생각의 구조

아침에 창문을 열어 바람의 결을 느끼는 순간 사람들은 여러 갈래의 생각이 동시에 움직이고 있지만 그 흐름을 의식하지 못한 채 하루를 시작한다. 눈앞의 풍경은 단순해 보이지만 마음속에서는 감정과 기억이 겹쳐지며 조용한 파동을 만들고 사람들은 그 움직임을 따라 자신이 어떤 상태에 있는지 천천히 감지한다. 이렇게 사소한 순간에도 생각은 겹겹이 작동하고 사람들은 그 구조를 따라 자연스럽게 사유의 문을 여는 흐름 속으로 들어선다.

◆ ◆ ◆

사람들은 흔히 자신이 떠올린 생각만이 전부라고 여긴다. 눈앞에 있는 일을 바라보며 지금 떠오른 생각이 마음의 전부인 것처럼 느끼지만 실제로는 그 아래에서 더 깊고 조용한 움직임이 함께 이어진다. 누군가의 말이 마음에 오래 머무르거나 평소에는 아무렇지 않은 장면이 어느 날 유난히 생생하게 다가오는 순간 사람들은 그 이유를 정확히 설명하기 어렵다. 그러나 그 순간 마음속에서는 과거의 경험과 현재의 감정이 서로 연결되며 해석의 방향을 바꾸고 생각의 구조는 이 층위 사이에서 자연스럽게 움직인다. 이러한 구조를 이해하기 시작하면 사람들은 자신이 왜 특정 상황에서 강하게 반응하는지 부드럽게 파악하게 되고 이는 자기 이해의 중요한 시작점이 된다.

기억은 생각의 구조를 움직이는 중요한 재료다. 오래전 기억이 지금의 판단을 가만히 흔들고 사소한 경험이 새로운 감정을 불러오는 이유는 기억이 겹겹이 쌓여 서로 연결되기 때문이다. 어떤 사람은 비슷한 칭찬을 들었을 때 따뜻함을 느끼고 어떤 사람은 왠지 모를 부담을 느끼는데 이 차이는 과거 경험이 현재 감정을 해석하는 방식으로 작동하기 때문이다. 사람들은 이러한 흐름을 인식하지 못한 채 반응하지만 실제로는 기억의 층위가 지금의 해석 방향을 결정한다. 이러한 구조를 이해하면 사람들은 자신의 감정이 단순한 반응이 아니라 경험과 기억이 쌓여 만들어진 움직임이라는 사실을 자연스럽게 깨닫는다. 이는 사람들에게 자신을 더 부드럽게 이해할 수 있는 여유를 만든다.

감정 또한 생각의 구조를 움직이는 또 하나의 축이다. 감정은 판단과 해석을 미세하게 흔들고 사람들은 같은 장면을 두고도 다른 의미를 부여한다. 기분이 가벼운 날에는 사소한 문제도 지나갈 만한 일처럼 느껴지고 마음이 지쳐 있는 날에는 작은 말도 무겁게 다가오며 생각의 흐름은 감정의 방향에 따라 부드럽게 이동한다. 어떤 사람은 조언을 들으면 힘을 얻고 어떤 사람은 같은 조언을 비판처럼 받아들이는데 이러한 차이는 감정이 생각을 해석하는 기반으로 작동하기 때문이다. 감정의 움직임을 이해한다는 것은 단순히 기분을 파악하는 것이 아니라 생각의 구조가 어떤 방향으로 기울어지는지를 함께 읽어내는 과정이다. 사람들은 이런 흐름 속에서 자신이 어떤 감정에 민감한지를 알아가며 그 민감함이 생각의 구조를 어떻게 흔드는지도 점점 깨닫는다.

사람들은 하루 중 여러 순간에 스스로와 대화를 나눈다. 마음이 복잡할 때도 조용히 정리하려 할 때도 선택 앞에서 머뭇거릴 때도 사람들은 속으로 짧은 문장들을 만들며 자신에게 질문한다. 이런 내면의 대화는 생각의 구조를 정리하는 중요한 통로가 되고 사람들은 이 과정을 통해 무엇이 마음을 움직이는지 조금씩 확인한다. 내면의 대화는 빠르게 흐르고 말로 다 설명되기 어려울 만큼 많은 내용이 순식간에 지나가며 생각의 구조는 이 대화 속에서 끊임없이 재배치된다. 자신에게 묻는 과정이 반복되면 감정의 결이 정리되고 선택의 기준도 조금씩 명확해진다. 사람들은 이 과정을 통해 스스로를 이해하는 작은 실마리를 찾고 마음속 깊은 층위까지 자연스럽게 닿게 된다.

사람은 선택을 통해 자신의 생각 구조를 드러낸다. 어떤 선택을 하느냐보다 왜 그 선택을 했느냐가 마음의 구조를 보여주며 사람들은 자신이 어떤 가치를 중심에 놓고 사는지를 행동을 통해 확인하게 된다. 누군가는 관계의 조화를 우선하고 누군가는 안정감을 지키고 누군가는 책임감을 기준으로 선택한다. 이러한 기준은 감정과 기억이 쌓여 형성된 생각의 구조에서 자연스럽게 나온다. 사람들은 선택의 순간마다 자신이 무엇을 지키려 하는지 확인하게 되고 생각의 구조는 이 과정에서 더욱 또렷해진다. 이런 흐름을 이해하면 삶의 많은 순간이 단순한 우연이 아니라 마음의 구조가 반영된 선택이라는 사실을 부드럽게 받아들이게 된다.

◆ ◆ ◆

사람마다 다른 시선을 가진 이유도 생각의 구조가 모두 다르기 때문이다. 같은 장면을 보고도 서로 다른 의미를 느끼는 이유는 각자의 기억, 감정, 경험의 층위가 다르게 쌓였기 때문이다. 누군가는 빠르게 감정을 해석하고 누군가는 천천히 의미를 찾으며 누군가는 오래된 기억을 중심에 두고 판단한다. 이러한 차이가 사람마다 다른 시선을 만들고 서로 다른 감정을 만든다. 이 차이를 이해하는 순간 사람들은 타인의 마음을 조금 더 부드럽게 바라볼 수 있게 되고 자신을 지나치게 탓하거나 타인을 오해하는 일도 줄어든다. 철학은 이러한 구조를 읽어내는 언어처럼 작동하며 사람들은 이 언어를 통해 자신과 타인의 마음을 함께 이해할 수 있는 힘을 얻게 된다. 이렇게 생각의 구조를 이해하려는 움직임은 자기 자신을 깊이 이해하고 삶을 부드럽게 바라보게 하는 중요한 과정이 된다.

03
왜 우리는 같은 일을 다르게 해석할까

지인과 같은 영화를 보고 나왔는데 서로 전혀 다른 장면을 기억하고 있을 때 사람들은 그 차이를 설명하기 어렵다. 누군가는 주인공의 말투가 마음에 걸렸다고 말하고 누군가는 배경에서 흘러간 사소한 장면이 더 인상 깊었다고 이야기하며 같은 화면을 보았음에도 마음속에서 전혀 다른 의미가 만들어진다. 이렇게 하나의 장면이 여러 해석으로 갈라지는 순간 사람들은 자신도 모르게 생각의 구조를 따라 다양한 방향으로 의미를 확장한다.

사람들은 같은 말을 듣고도 서로 다른 감정을 먼저 떠올린다. 누군가의 짧은 조언이 어떤 사람에게는 따뜻한 위로처럼 스며들고 또 다른 사람에게는 은근한 압박처럼 느껴지며 이러한 차이는 마음속에 쌓여 있던 경험의 결이 다르게 반응하기 때문이다. 과거의 기억이 말의 뉘앙스에 자연스럽게 덧입혀지면서 사람들은 현재의 말을 과거의 감정과 함께 해석하고 이는 의식하지 않아도 일어나는 내부의 움직임이다. 사람들은 그런 이유를 분명하게 설명하지 못하지만 그 안에서는 오래된 기억과 현재의 감정이 서로 연결되며 해석의 방향을 부드럽게 바꾼다.

감정의 상태도 해석의 차이를 만드는 중요한 요소가 된다. 마음이 가벼운 날에는 같은 말이 편안하게 들리고 마음이 무거운 날에는 가볍게 던진 농담도 불편하게 느껴지며 감정은 생각보다 훨씬 빠른 속도로 판단을 움직인다. 이런 감정의 흐름은 생각의 구조와 자연스럽게 엮여 하나의 장면을 다른 의미로 변화시키고 사람들은 어떤 감정이 어떤 판단을 만들어내는지 완전히 인식하지 못한 채 반응한다. 감정의 방향을 이해하기 시작하면 왜 같은 상황에서 서로 다르게 느끼는지 조금씩 드러나며 이러한 이해는 스스로의 내면을 부드럽게 살피는 시작점이 된다.

사람들은 자신이 처한 상황에 따라 같은 장면을 다른 의미로 받아들인다. 어떤 사람은 일상의 변화에서 새로운 가능성을 보지만 어떤 사람은 같은 변화를 부담스럽게 바라보며 이러한 차이는 사람들이 무엇을 중심에 두고 삶을 바라보는지에 따라 달라진다. 책임감을 무게로 느끼는 사람과 기회로 받아들이는 사람은 같은 말을 들었을 때도 전혀 다른 감정이 먼저 움직이며 이 움직임이 해석의 형태를 조용히 결정한다. 이러한 구조를 이해하면 일상의 수많은 판단이 단순한 감정의 문제가 아니라 삶의 태도와 연결되어 있음을 깨닫게 된다.

사람마다 사용하는 '해석의 틀'도 서로 다르다. 어떤 사람은 감정

중심으로 상황을 바라보고 어떤 사람은 논리적 연결을 우선하며 또 어떤 사람은 관계 속에서의 의미를 먼저 생각한다. 이처럼 각자의 해석 틀은 오랜 시간 경험과 습관, 감정의 층위가 쌓여 만들어진 것이기 때문에 사람들은 같은 장면을 보면서도 서로 다른 부분을 먼저 읽어낸다. 이러한 틀이 다르다는 사실을 받아들이기 시작하면 사람들은 타인의 해석을 쉽게 판단하지 않고 그 사람의 배경과 시선을 이해하려는 방향으로 마음이 움직인다.

해석의 차이는 단순히 생각의 차이가 아니라 '무엇을 의미 있게 바라보는가?'의 차이에서도 등장한다. 어떤 사람은 사람의 표정을 먼저 읽고 어떤 사람은 상황의 흐름을 먼저 살피며 또 어떤 사람은 말의 논리보다 말 사이에 흐르는 감정에 집중한다. 이처럼 사람마다 중요한 지점을 다르게 바라보기 때문에 같은 경험이라도 서로 다른 이야기로 변화하고 이러한 과정은 마음의 깊은 구조와 연결되어 있다. 이러한 차이를 인식하게 되면 사람들은 자신의 해석이 절대적인 것이 아니라 하나의 관점이라는 사실을 자연스럽게 받아들이며 마음의 움직임도 한층 부드러워진다.

사람이 같은 일을 다르게 해석하는 이유는 생각의 구조, 감정의 흐름, 기억의 결, 삶의 태도, 중요한 가치 등이 서로 얽히며 의미를 만들어가기 때문이다. 하나의 장면이 여러 방향으로 나뉘는 이유는 사람의 내면이 단순하지 않기 때문이며 이러한 복합적인 흐름을 이해하기 시작하면 사람들은 자신의 마음뿐 아니라 타인의 시선도 따뜻하게 바라볼 수 있는 여유를 얻게 된다. 철학은 이러한 차이를 읽어내는 데 중요한 역할을 하며 사람들은 이 시선을 통해 하나의 장면을 바라보는 다양한 방식이 모두 나름의 이유를 가지고 있다는 사실을 깨닫는다. 이러한 이해는 판단을 부드럽게 만들고 관계를 넓게 바라보는 힘으로 이어지며 사람들은 자기만의 해석 방식 속에서 삶의 의미를 천천히 만들어간다.

04
정답보다 중요한 왜라는 마음

아침에 일어난 뒤 무심코 휴대폰을 켜 보면 읽지 않은 메시지 두세 개가 반겨주고 사람들은 그 내용을 본 뒤 '아 이건 이렇게 하라는 뜻이구나'하고 바로 판단하려 하지만 가끔은 그 메시지를 보낸 사람이 왜 그런 말을 했는지 잘 이해되지 않아 마음속에 작은 물음표가 생긴다. 이렇게 일상에서 이유가 분명하지 않은 순간을 마주하면 사람들은 자연스럽게 '무슨 의도로 말한 걸까?'라는 생각을 떠올리고 그 질문이 하루의 방향을 조용히 바꾸기도 한다. 겉으로는 단순한 말 한마디 같지만 그 안에 숨어 있는 '왜'는 생각보다 더 큰 의미를 움직인다.

◆◆◆

사람들은 늘 정답을 찾아야 한다고 배워왔기 때문에 선택의 순간에 빠르게 결론을 내리고 싶어 한다. 하지만 실제로는 정답을 알기 전에 그 일의 이유를 묻는 과정이 더 중요하며 이유를 모른 채 결론만 찾으려 하면 마음속에서 계속 찜찜함이 남는다. 예를 들어 친구가 '오늘은 그냥 혼자 있고 싶어'라고 말했을 때 어떤 사람은 '화가 났나?'라고 짐작하고 어떤 사람은 '기분이 안 좋은가 보다'라고 생각하며 정답처럼 보이는 추측을 만들어내지만 그 말의 진짜 이유는 친구의 마음속에 있다. 이처럼 이유를 묻는 태도는 사람들의 해석을 부드럽게 만들고 관계를 더 편안하게 이끈다.

살다 보면 이유를 묻지 않아 생기는 작은 오해들이 생각보다 많다. 회사에서 누군가가 갑자기 말수가 줄면 사람들이 각자 그 원인을 추측하며 분위기는 묘하게 흐트러지지만 잠시 시간을 내어 '요즘 무슨 일이 있었어?'라고 이유를 물어보면 상황은 전혀 다른 모습으로 드러난다. 그 사람은 단지 개인적인 고민 때문에 조용했을 수도 있고 휴식이 필요했을 수도 있으며 그 이유를 알게 되는 순간 사람들의 마음은 갑자기 부드러워지고 오해는 자연스럽게 풀린다. 이런 경험을 통해 사람들은 '왜'를 묻는 마음이 관계를 더 따뜻하게 만든다는 사실을 깨닫게 된다.

'왜'를 묻는 마음은 자기 자신을 이해할 때도 중요한 역할을 한다. 사람들은 가끔 자신이 왜 화가 났는지 왜 우울한지 왜 어떤 말에 유독 예민하게 반응하는지 잘 모를 때가 있는데 이런 감정은 갑자기 생긴 것이 아니라 과거의 기억과 현재의 상황이 결합되어 나타난 것이다. 예를 들어 누군가의 말투가 이유 없이 불편하게 느껴질 때 그 감정의 뿌리를 천천히 떠올려 보면 과거에 비슷한 말을 들으며 마음이 다쳤던 기억이 남아 있을 가능성이 크다. 이렇게 자신에게 '왜 그런 감정이 들었을까?'를 물어보면 감정의 흐름이 서서히 풀리고 마음은 한결 느슨해진다.

'왜'를 묻는 과정은 생각의 방향을 넓혀주는 역할도 한다. 어떤 일이 잘 풀리지 않을 때 대부분의 사람들은 '어떻게 해결하지?'를 먼저 떠올리지만 그 전에 '왜 이런 문제가 벌어졌을까?'를 묻는 순간 문제의 핵심이 조금 더 선명해진다. 예를 들어 계획한 일이 자꾸만 지연된다면 단순히 '의지가 부족해서'라고 결론을 내리기보다 '왜 그 계획을 시작했는지' 또는 '왜 지금 실천이 어려운지'를 물어볼 때 해결의 실마리가 보이고 그 이유는 생각보다 현실적이고 구체적일 때가 많다. 이런 흐름은 사람들을 더 깊이 이해하도록 돕고 스스로를 향한 판단도 부드럽게 만든다.

사람들은 질문을 통해 자신의 삶을 더 분명하게 바라보게 된다. 같은 사건을 겪어도 어떤 사람은 바로 결론을 내리고 어떤 사람은 잠시 멈춰 이유를 살피는데 후자의 사람들은 작은 선택 하나에도 더 깊은 의미를 발견하며 그만큼 삶을 느리지만 단단하게 쌓아간다. 예를 들어 누군가가 갑자기 하고 있던 일을 멈추고 새로운 길을 선택하는 이유는 단지 충동적인 변화가 아니라 그 안에 오랫동안 쌓여 온 질문들이 자리를 잡았기 때문이며 이 질문들은 삶의 방향을 스스로 만드는 과정에서 결정적인 역할을 한다. 그런 이유로 '왜'를 묻는 마음은 흔들릴 때마다 사람들의 발걸음을 다시 중심으로 되돌려준다.

정답보다 '왜'가 중요한 순간은 더 넓은 시선으로도 확인된다. 사람들은 때때로 완벽한 정답을 찾는 데 너무 집중한 나머지 이유를 놓쳐버리고 문제를 바라보는 시야가 좁아지기도 한다. 하지만 이유를 묻는 마음은 선택의 폭을 넓히고 상황을 차분하게 바라보도록 해주며 그 과정에서 사람들은 자신이 무엇을 원하는지 더욱 명확하게 이해하게 된다. 이는 단순히 지적인 활동을 넘어서 일상의 작은 선택과 감정의 움직임, 관계의 방향을 결정하는 깊은 흐름으로 이어지며 사람들의 마음속에 여유를 만들어준다.

사람들은 이유를 묻는 과정에서 자신만의 기준과 가치관을 천천히 발견하게 된다. 어떤 일이 불편하게 느껴질 때에도 '그 일이 왜 나에게 불편했을까?'를 생각하면 자신이 어떤 부분을 중요하게 여기고 어떤 경계를 지키고 싶은지 드러나며 이러한 이해는 타인의 선택을 바라볼 때도 같은 여유를 준다. 이유를 묻는 마음은 타인의 행동을 단순한 좋고 나쁨으로 나누지 않게 만들고 그 사람의 배경과 상황을 존중하는 방향으로 관계를 이끌며 마음의 거리를 조금 더 따뜻하게 이어준다. 이렇게 '왜'를 묻는 태도는 사람과 사람 사이의 오해를 줄이고 서로의 다름을 자연스럽게 받아들이도록 돕는다.

◆◆◆

정답을 찾는 일보다 이유를 묻는 마음이 중요한 이유는 사람들의 삶이 단순한 계산이나 규칙 속에서 흘러가는 것이 아니라 감정과 기억, 관계와 책임, 가능성과 선택이 얽혀 만들어지기 때문이다. 정답은 순간을 설명하지만 이유는 삶을 설명하며 사람들은 그 이유를 통해 자신과 타인의 마음을 더 깊이 이해하게 된다. '왜'를 묻는 마음은 일상을 더 부드럽게 바라보도록 만들고 선택을 더 단단하게 해주며 사람들은 이러한 과정 속에서 자신만의 중심을 잃지 않는 힘을 얻게 된다.

05
철학을 알면 고민이 가벼워지는 이유

집으로 돌아가는 길에 버스 창문에 비친 자신의 얼굴을 바라보다 보면 별일 아닌 사소한 고민이 갑자기 크게 느껴지는 순간이 있다. 누군가의 말투가 마음에 걸렸던 일이나 오늘 내렸던 선택이 괜히 불안해지는 일은 누구에게나 익숙하며 이런 생각은 하루의 끝에서 조용히 부풀어 오르며 사람들의 마음을 묵직하게 만든다. 하지만 같은 고민도 시선을 조금만 바꾸면 완전히 다른 모습으로 느껴지기 시작하고 그 변화의 순간에 철학적인 생각이 자연스럽게 스며든다.

◆ ◆ ◆

사람들은 고민이 생기면 대부분 빠르게 답을 찾으려 하고 지금 이 감정이 맞는지 틀린지 판단하려 하지만 삶의 많은 고민은 단번에 해결되지 않는 경우가 더 많다. 이럴 때 필요한 것은 결론을 재촉하는 마음이 아니라 고민을 바라보는 또 다른 관점이며 관점이 달라지는 순간 고민은 더 이상 하나의 벽처럼 보이지 않고 여러 갈래의 길을 품은 풍경처럼 보이기 시작한다. 예를 들어 누군가에게 무심코 들은 한마디가 마음을 오래 붙잡을 때 그 말이 가진 의도보다 그 말이 왜 내 마음을 건드렸는지 질문해 보면 감정의 무게가 조금씩 가라앉는다.

철학은 삶의 사건을 '왜 이렇게 느꼈을까?'라는 질문으로 바라보게 하며 이 질문은 감정의 방향을 천천히 풀어준다. 직장에서 실수를 해서 마음이 불편할 때 사람들은 그 실수의 결과만 떠올리며 스스로를 몰아붙이는 경우가 많지만 그 감정의 바닥에는 '잘하고 싶다'는 마음과 '실망시키고 싶지 않다'는 마음이 함께 얽혀 있다. 철학적인 질문은 이런 마음의 결을 하나씩 분리해 보여주고 그 안에 담긴 자신만의 기준을 이해하도록 도와주며 이 과정이 깊어질수록 고민은 본래의 크기를 되찾기 시작한다.

사람들은 고민이 클수록 그것을 해결해야 한다는 부담을 더 크게 느끼며 이런 부담은 생각을 복잡하게 만들고 마음의 흐름을 무겁게 한다. 하지만 철학적인 시선은 고민을 해결해야 할 문제로만 보지 않고 잠시 멈춰 바라볼 순간으로 바꾸며 '지금 이 고민이 나에게 무엇을 말하려는 걸까?'를 묻는 태도를 만들어준다. 예를 들어 인간관계에서 반복되는 서운함이나 오해는 단순한 갈등이 아니라 서로에게 기대하는 방식이 다르다는 신호일 수 있고 이 점을 인식하는 순간 고민이 지닌 의미가 부드럽게 바뀐다.

삶에서 가장 무거운 고민은 대부분 정답이 없는 문제들이다. 진로를 선택할 때나 관계를 이어갈지 고민할 때 사람들은 '무엇이 옳은가?'를 찾으려 하지만 이런 고민은 옳고 그름으로 나눌 수 없는 경우가 많다. 철학은 이런 선택을 정답의 영역에서 꺼내와 '나는 무엇을 더 소중하게 여기고 싶은가?'라는 기준으로 바라보게 하고 이 기준을 발견하는 순간 고민은 조금씩 선명해진다. 이는 사람들에게 스스로의 삶을 선택할 수 있다는 조용한 확신을 주며 마음의 무게를 덜어준다.

사람들은 고민을 혼자 품고 있을 때 더 무겁게 느끼지만 그 고민을 한 발 떨어져 바라보는 순간 새로운 감정이 들어오는 여유가 생긴다. 예를 들어 누군가에게 상처받았다고 느낄 때 처음에는 그 감정에만 집중되지만 시간이 지나면 그 일이 나에게 어떤 의미였는지 오히려 더 깊이 들여다보게 되고 그 과정에서 상처가 만들어지는 방식도 이해하게 된다. 철학은 바로 이 지점을 비춰주며 '어떤 감정이든 그 속에는 이해할 수 있는 이유가 있다'는 사실을 알려준다.

고민이 가벼워지는 또 하나의 이유는 철학적인 태도가 사람들을 더 넓은 시야로 이끌기 때문이다. 일을 잘못 처리한 날에는 모든 것이 엉켜 보이지만 다른 날의 자신을 떠올려 보면 부족함과 실수 사이에도 성장의 흐름이 있었음을 깨닫게 되고 이 깨달음은 사람들을 스스로에게 더 따뜻하게 대하도록 만든다. 철학은 한 번의 실패를 인생의 전체로 확대하지 않고 여러 겹의 시간 속에서 바라보도록 하며 이렇게 시야가 넓어지면 마음의 짐은 자연스럽게 가벼워진다.

사람들은 고민을 해결하기 위해 노력하는 과정에서 자신이 어떤 사람인지 조금씩 알아가게 된다. 고민이 생길 때마다 급하게 결론을 내리기보다 그 속에 숨어 있는 감정과 바람을 살피면 자신이 중요하게 여기는 가치가 드러나고 이 가치는 앞으로의 선택을 편안하게 안내하는 역할을 한다. 즉, 철학은 고민을 제거하는 게 아니라 고민이 말하고 있는 신호를 읽을 수 있게 도와주며 그 안에서 사람은 자신과 더 가까워진다. 이때 마음은 무겁지 않고 오히려 단단해지며 여유가 생긴다.

◆ ◆ ◆

사람들은 삶에서 마주하는 질문들이 때로는 버겁게 느껴지지만 그 질문들의 흐름을 따라가다 보면 자신의 삶에서 무엇이 가장 중요한지 자연스럽게 드러난다. 철학은 고민을 줄이기보다 고민을 다루는 방식을 바꾸어 주고 이 변화는 사람들의 마음에 조용한 균형을 만들어낸다. 그렇게 고민이 생길 때마다 조금 더 부드러운 시선으로 스스로를 바라보게 되고 마음속에 쌓인 무게가 서서히 풀리기 시작하면서 사람들은 자신이 걸어가는 길을 더 편안하게 받아들이게 된다.

평범한 하루에
숨어 있는 철학

왜 화나면 판단이 흐려질까

아침에 카페에서 커피를 기다리는데 앞사람의 결제가 계속 오류가 나며 줄이 멈춰 있을 때 평소 같으면 '그럴 수도 있지'하고 넘길 일을 그날따라 유난히 크게 느끼는 순간이 있다. 마음의 결이 조금만 흔들려도 작은 불편이 예상보다 거칠게 다가오고 이후에 마주치는 일마다 예민하게 반응하게 되며 판단도 서서히 흐려지기 시작한다. 누구에게나 익숙한 경험이지만 이때 마음에서 실제로 어떤 흐름이 일어나는지는 잘 드러나지 않아 사람들은 그저 '오늘은 왜 이렇게 예민하지'라는 생각만 남긴 채 하루를 보내곤 한다.

감정이 먼저 움직일 때 판단이 뒤따라 흔들린다

어떤 상황을 마주하면 사람은 생각보다 먼저 감정부터 반응한다. 출근하려고 집 밖으로 나서는데 엘리베이터가 하필 층마다 계속 멈추는 날, 마음속에서는 '왜 하필 오늘'이라는 불편함이 먼저 자라나기 시작한다. 이때는 문제를 해결하는 생각보다 감정이 크게 반응하고, 그 감정의 잔향이 이후의 판단에도 그대로 번지며 사람들은 같은 상황을 완전히 다른 의미로 받아들인다. 감정이 먼저 움직이는 순간 판단은 감정의 뒤에서 천천히 따라가며 여유를 잃어버리고, 일상의 말과 행동들을 원래보다 더 날카로운 의미로 읽기 시작한다.

마음의 방향이 기울어지면 작은 일도 크게 보인다

하루가 흐트러지는 시점은 대개 아주 사소한 장면에서 시작된다. 버스를 놓치는 순간이나 아침 회의 준비를 하다가 프린터가 멈춰버리는 순간처럼 단순한 사건이 마음의 첫 단추를 어긋나게 한다. 이 작은 흔들림은 이후의 사건을 해석하는 기준을 바꾸고, 평소에는 전혀 신경 쓰지 않았을 말투나 표정까지 민감하게 느끼게 만든다. 지하철 안에서 누군가 휴대폰 화면을 밝게 켜 둔 채 바라보고 있는 모습만으로도 괜히 짜증이 올라오고, 평소 같으면 '저런 일도 있지'하고 넘길 일이 그날만큼은 불편함으로 번진다. 마음의 방향이 이미 기울어진 상태에서는 세상이 조금 더 거칠게 보이고 판단도 그 거친 결에 맞춰 움직인다.

가까운 사람일수록 감정의 흔들림이 더 크게 번진다

가까운 사람과의 대화에서 작은 말이 크게 다가오는 이유는 기대와 관계의 무게가 감정의 반응을 더 빠르게 자극하기 때문이다. 집에 들어오자마자 '오늘 많이 피곤해 보인다'라는 말이 걱정으로 들릴 때도 있지만 감정이 이미 불편한 상태라면 이 말이 은근한 지적으로 변해 들릴 수 있다. 상대는 그저 상태를 살피고 싶었을 뿐인데 마음속에서는 오래전 비슷한 장면에서 느꼈던 불편함이 함께 되살아나며 판단은 그 기억과 얽혀 흐려지기 시작한다. 가까운 관계에서 생기는 감정의 흐름은 특히 빠르게 번지기 때문에 판단 역시 더 쉽게 흔들리며 사람들은 같은 한마디도 전혀 다른 마음으로 받아들인다.

과거의 감정이 현재의 상황을 뒤덮을 때 판단은 더 복잡해진다

화가 난 순간에는 지금의 사건만 영향을 미치는 것이 아니라 과거의 기억과 감정이 동시에 떠오르며 해석을 더 무겁게 만든다. 예전에 상사에게 들었던 말투가 떠오르거나 가족에게 서운했던 순간이 다시 스치면 지금의 상황이 그때의 감정과 함께 뒤섞여 크게 느껴진다. 운전 중 앞차가 깜빡이 없이 차선을 바꿨을 때도 단순한 실수임을 알면서도 예전에 겪었던 불쾌한 순간들이 함께 떠올라 지금의 상황을 훨씬 더 불편하게 만든다. 사람들은 현재를 보고 있다고 생각하지만 사실은 현재와 과거가 동시에 겹쳐진 화면을 보고 있는 셈이고, 그 겹침이 판단을 흐리게 만드는 중요한 원인이 된다.

몸의 반응도 판단을 흐리게 만드는 중요한 신호다

화가 날 때 심장이 빨라지거나 어깨가 긴장되는 경험은 누구나 한다. 몸의 반응은 감정이 만든 신호를 그대로 따라가기 때문에 몸이 먼저 긴장하면 생각이 차분해질 여유가 줄어들고 판단은 더 좁아진다. 회의 중에 서로의 목소리가 조금만 높아져도 몸은 빠르게 경계 태세에 들어가며 말의 내용보다 감정의 높낮이에 더 민감하게 반응하게 된다. 몸이 긴장하고 감정이 요동치면 사고는 그 흔들림을 이기지 못하고 점점 즉흥적으로 흐르며 '왜 이렇게 과하게 반응했을까.'라는 생각은 시간이 지나서야 비로소 떠오른다.

감정을 인식하는 순간 판단은 다시 넓어진다

감정이 판단을 이끌고 있음을 바로 알아차리면 그 흐름은 천천히 느려지기 시작한다. '내가 지금 예민하구나'라는 작은 깨달음만 있어도 마음의 속도는 잠시 멈추고, 잠깐의 쉼이 생기는 순간 판단은 감정의 뒤에서 조용히 제자리를 되찾는다. 감정을 억누르지 않고 알아차리는 태도는 상황을 더 넓게 바라볼 힘을 만들어주고, 그 넓어짐 속에서 같은 말도 다른 의미로 들리고 같은 행동도 전혀 다른 방향으로 읽히기 시작한다. 결국 감정이 만들어낸 흔들림을 이해하는 순간 사람들은 마음을 더 너그럽게 다룰 수 있고 판단도 이전보다 훨씬 부드럽게 흘러간다.

감정은 흐트를 수 있지만, 이해하면 다시 회복된다

사람들은 누구나 마음이 요동치는 순간을 겪고 그때 판단이 흐려지는 것은 매우 자연스럽다. 하지만 그 흐름을 이해하고 받아들일 수 있게 되면 감정의 파도에 바로 휩쓸리지 않고 잠시 머물러 자신만의 속도로 상황을 바라볼 수 있게 된다. 감정이 어떻게 움직이고 어떤 방식으로 판단을 흔드는지 알게 되면 급하게 결론을 내리기보다 여러 방향을 천천히 바라보게 되고 마음속에서는 작은 여유가 생긴다. 이 여유가 쌓일수록 감정의 흔들림은 조금씩 잦아들고 판단은 다시 살아난다.

선택지가 많을수록 더 어려워지는 이유

점심시간이 다가올 때마다 겪는 익숙한 풍경이 있다. 배는 살짝 고파 오고 메뉴를 정해야 하는데 선택지는 끝없이 많아 보이고 마음은 어느 쪽으로도 쉽게 기울지 않는다. 파스타를 먹고 싶은 것 같다가도 갑자기 국물이 당기는 듯하고 누군가가 '저기 새로 생긴 식당 갈래?'라고 묻는 순간 머릿속은 다시 처음부터 흔들리기 시작한다. 분명 좋아하는 음식이 여러 개라서 행복해야 하는 순간인데도 막상 결정하려면 은근히 부담스럽고 어떤 선택을 해도 어딘가 놓치고 있는 기분이 든다. 이렇게 선택이 많아질수록 마음이 이상하게 불안해지고 판단이 느려지는 장면은 누구에게나 익숙하며 그 흐름을 살펴보면 생각보다 깊은 철학적 움직임이 숨어 있다.

선택이 많아질수록 마음은 '더 좋은 것'을 찾으려 불안해진다

사람은 눈앞에 선택지가 많으면 자연스럽게 그중 '가장 좋은 하나'

를 고르려 한다. 하지만 선택지가 늘어날수록 그 '가장 좋은 하나'는 점점 잡히지 않고 마음속에서는 최대한의 만족을 놓치고 싶지 않은 마음이 조용히 커져간다. 예를 들어 온라인 쇼핑에서 옷을 고를 때 수십 가지 색상과 디자인이 펼쳐지면 처음에는 '골라보는 재미'가 있었지만 시간이 지나면 오히려 더 어려워지고 지금 보고 있는 것이 정말 가장 마음에 드는 것인지 계속 확인하고 싶어진다. 이런 마음의 움직임 속에서는 '욕심'이라기보다 선택할 때 느끼는 미묘한 불안감이 작동하고 있고 더 나은 가능성이 어딘가에 있을지도 모른다는 생각 때문에 판단이 점점 가벼운 흔들림을 시작한다.

선택이 많으면 책임도 커지는 것처럼 느껴진다

사람은 선택을 할 때 단순히 '원하는 것'을 고르는 것이 아니라 그 선택 뒤에 따라올 결과까지 함께 떠올린다. 그래서 선택지가 많아질수록 그중 하나를 골랐을 때 감당해야 할 책임도 더 크게 느껴진다. 저녁에 친구와 약속 없이 시간을 보내려 할 때 영화, 드라마, 산책, 운동 등 여러 선택지가 있을수록 어떤 걸 골라도 '오늘 시간을 괜히 이렇게 보낸 건 아닐까?'라는 느낌이 자연스럽게 따라붙는다. 선택이 많아지면 마치 '내가 제대로 고르기만 했다면 더 좋은 하루가 되었을 텐데'라는 부담을 스스로에게 주게 되고 그 부담이 커질수록 선택은 점점 무겁게 느껴진다. 이렇게 책임의 무게가 커질 때 사람들은 오히려 아무것도 고르지 못하고 머뭇거리게 되기도 한다.

선택의 순간에는 '놓침에 대한 두려움'이 조용히 스며든다

무언가를 선택한다는 것은 다른 모든 가능성을 내려놓는 일과 연결된다. 그래서 선택지가 많으면 많을수록 사람들은 어떤 것을 선택해도 다른 무엇을 놓치고 있다는 기분을 피하기 어려워진다. 친구들과 함께 간 카페에서 디저트를 고를 때도 마찬가지로 초코 케이크를 고르면 치즈 케이크가 떠오르고 아이스크림을 고르면 다시 파블로바가 아른거린다. 선택 그 자체보다 선택 뒤에 떠오르는 '놓친 것들'에 더 마음이 흔들리고 이 작은 흔들림이 쌓이면 판단은 점차 흐려지면서 결정을 어렵게 만든다. 사람들은 무엇을 얻을지보다 무엇을 잃게 되는지가 더 크게 다가올 때가 많고 이 감정은 선택지를 늘릴수록 더 진하게 나타난다.

비교가 늘어날수록 만족감은 점점 줄어든다

선택지가 늘어난다는 것은 비교해야 할 대상이 많아진다는 뜻이기도 하다. 여행지를 고를 때만 봐도 바다, 산, 도시, 휴양, 액티비티까지 점점 더 많은 가능성이 펼쳐질수록 기준이 복잡해지고 비교해야 하는 요소는 점점 늘어난다. 비교가 많아지면 선택의 순간에는 만족을 찾기보다 결점을 먼저 보게 되고 어떤 결정을 내려도 '조금 아쉽다'라는 감정이 남는다. 마음은 늘 완벽함을 찾으려고 하지만 현실은 완벽한 선택이 거의 존재하지 않기 때문에 비교의 폭이 넓어질수록 오히려 만족은 줄어들고 선택의 순간은 더 어렵게 느껴진다. 이런 흐름 속에서 사람들은 선택을 미루거나 이미 정한 선택을 자꾸 다시 뒤집게 되기도 한다.

너무 많은 선택은 우리를 더 피로하게 만든다

일상의 선택은 작은 것처럼 보이지만 마음의 에너지를 조금씩 사용하며 하루 중 여러 번 반복되면 피로가 쌓인다. 퇴근길에 편의점에서 음료를 고를 때도 수십 가지가 진열되어 있으면 고르기 전에 이미 힘이 빠지고 어떤 음료를 골라도 딱 마음에 와닿지 않을 때가 있다. 사람의 마음은 하루에 사용할 수 있는 판단의 힘이 한정되어 있기 때문에 선택지가 많아질수록 그 힘이 더 빨리 소진되고 마지막에는 사소한 결정에도 쉽게 지치게 된다. 이렇게 선택의 폭이 넓어질수록 오히려 마음의 여유는 줄어들고 하루가 불필요하게 더 버거워지기도 한다.

선택이 적을 때 오히려 마음이 편안해지는 순간이 있다

가끔은 선택지가 거의 없는 상황이 오히려 더 가볍고 편안하게 느껴지기도 한다. 여행지 시골 마을에서 카페가 단 한 곳밖에 없다면 고민 없이 그곳에 들어가는 것처럼 선택의 폭이 좁아지면 마음도 자연스럽게 좁은 길을 따라가고 결정의 압박이 사라진다. 이런 순간에는 '최선을 찾아야 한다'는 부담이 없어지기 때문에 오히려 선택한 것에 더 만족하게 되고 남은 시간도 더 자유롭게 흘러간다. 사람은 완벽한 조건보다 마음의 부담이 덜한 조건에서 더 만족을 느끼는 경우가 많고 이런 경험을 떠올려보면 선택의 폭이 줄어드는 것이 때때로 마음을 더 편하게 한다는 사실을 알게 된다.

조금 덜 완벽해도 괜찮다

선택지가 많아질수록 사람들은 더 완벽한 것을 고르려 애쓰지만 마음을 가볍게 만드는 길은 오히려 다른 곳에 있다. '조금 덜 완벽해도 충분하다'는 시선을 가지면 선택의 부담이 부드럽게 풀리기 시작하고 어느 방향을 고르더라도 그 안에서 즐거움과 가치를 찾을 수 있는 여유가 생긴다. 완벽함 대신 지금의 나에게 맞는 적당한 길을 고르려는 마음은 판단을 편안하게 만들고 놓친 가능성보다 선택한 순간에 더 집중할 수 있는 공간을 만든다. 선택의 폭이 넓어져도 마음이 흔들리지 않는 사람들의 특징은 바로 이 여유이며 이 여유가 있을 때 사람들은 더 자유롭게 일상을 살아갈 수 있다.

똑같은 말도 사람마다 다르게 들리는 이유

아침 시간에 지하철에서 친구에게 '요즘 좀 힘들어 보여'라는 메시지를 받았을 때 어떤 사람은 걱정해주는 마음으로 받아들이며 따뜻함을 느끼지만 어떤 사람은 자신이 지쳐 보였다는 사실에 민감하게 반응하며 마음이 살짝 불편해지는 순간이 있다. 말은 분명 같은데 마음에 닿는 방식은 전혀 다른 방향으로 흘러가고, 사람들은 그 차이를 제대로 설명하기 어려워하며 스스로도 이유를 잘 모른 채 기분만 흔들릴 때가 있다. 작은 말 한마디가 전혀 다른 온도로 전달되는 이 흐름을 따라가다 보면 사람마다 마음속에 쌓아온 경험과 감정의 흔적이 얼마나 깊숙이 작동하는지 자연스럽게 보이기 시작한다.

말에 담긴 감정보다 먼저 움직이는 내면의 기억

사람이 동일한 말을 다르게 듣는 데에는 마음속에 저장된 기억의 층이 중요한 역할을 한다. 가령 직장에서 '이 부분 다시 확인해줘'라는 말을 들었을 때 누군가는 업무의 흐름상 자연스러운 요청으로 받아들이지만 또 다른 사람은 예전에 실수했던 기억이 떠오르며 '나를 못 믿어서 그러는 건가?'라는 방향으로 해석하게 된다. 말 자체에는 특별한 감정이 없지만 듣는 사람의 마음속에서 오래된 장면이 슬며시 깨어나 새로운 의미를 덧칠하며 전혀 다른 메시지가 되어 들어온다. 결국 말은 공기 중을 떠다니는 단어가 아니라 사람의 내면을 통과하며 색이 바뀌는 존재이며 그 색의 차이가 감정의 반응을 이끈다.

관계의 거리감이 해석의 온도를 바꾼다

누군가에게서 같은 말을 들었더라도 관계의 거리감에 따라 마음이 움직이는 방식은 눈에 띄게 달라진다. 친한 친구가 '너 요즘 많이 바빠 보여'라고 말할 때는 걱정과 관심이 먼저 떠오르고 편안하게 받아들여지지만, 어색한 동료나 잘 모르는 사람이 같은 말을 하면 감시받는 느낌이나 평가받는 기분이 생기기도 한다. 관계가 깊을수록 상대의 의도에 자연스레 신뢰가 붙고 말의 의미는 부드럽게 전달되지만 거리가 먼 관계에서는 상대의 말에 숨은 의미가 있을 거라는 생각이 먼저 떠오르며 해석이 조금 더 날카로워지게 된다. 말은 관계라는 틀을 통해 들어오며 그 틀의 두께와 온기가 해석을 크게 바꾼다.

말을 들을 때 사람은 단어보다 표정을 먼저 읽는다

똑같은 말도 다르게 들리는 이유 중 하나는 말 자체보다 상대의 표정, 목소리의 떨림, 호흡 간격 같은 비언어적 신호를 먼저 받아들이기 때문이다. 집에 들어오자마자 가족이 '왔어?'라고 말했을 때 그 말의 의미는 단어보다 표정의 온도에서 먼저 결정된다. 기쁨이 담긴 목소리면 반가움으로 느껴지고, 피곤해서 무심히 던진 말투라면 '기분이 안 좋나?'하고 신경이 쓰이기 시작한다. 이렇게 사람은 말보다 얼굴의 분위기와 목소리의 결을 먼저 받아들이며 그 순간의 인상이 해석의 방향을 정한다. 단어는 나중에 들어오고 이미 형성된 감정의 기울기 위에 얹혀서 새로운 의미를 만든다.

나를 향한 말인지 상황을 향한 말인지가 중요하다

똑같은 말이 다르게 들리는 또 하나의 이유는 듣는 사람이 그 말이 자신을 향한 것인지, 단순한 상황 설명인지 구분하려 하기 때문이다. 예를 들어 누군가가 '오늘 분위기 좀 이상한데?'라고 말했을 때 어떤 사람은 스스로에게 문제가 있다고 받아들이고 불편함을 느끼지만, 다른 사람은 단순히 주변 상황을 말한 것이라 생각하며 가볍게 넘긴다. 말을 듣는 사람은 그 내용이 자신에게 직접 연결되는지, 아니면 주변을 설명하는 것인지 판단하기 위해 마음속에서 빠르게 선을 긋고 그 선이 어디에 그려지는지에 따라 해석은 완전히 달라진다. 이 과정은 무의식적으로 일어나고 단순한 말도 나를 향한 무게로 바뀌며 감정의 움직임을 만들어낸다.

기대와 불안이 해석을 비틀어 놓는다

사람은 평소 마음에 무엇을 품고 있느냐에 따라 같은 말에서도 전혀 다른 의미를 찾아낸다. 중요한 발표를 앞둔 사람이 친구에게 '괜찮을 거야'라는 말만 들어도 그 안에서 기대와 위로를 동시에 느끼며 안정을 찾지만, 이미 긴장과 걱정이 쌓여 있는 사람이라면 같은 말이 오히려 부담처럼 느껴지고 불안이 더 커지기도 한다. 말의 의미는 그 자체로 고정된 것이 아니라 듣는 사람이 그날 어떤 마음을 가지고 있었는지에 따라 달라지며 마음속에서 기대와 불안이 만들어 내는 방향성이 말의 의미를 비틀어 놓는다.

같은 말이 서로 다른 세상 속에서 울린다

결국 사람들은 같은 말을 들어도 각자의 삶에서 쌓아온 경험과 감정의 흐름 속에서 해석하기 때문에 서로 다른 세상 속에서 반응하게 된다. 단순한 말도 상대가 지나온 하루, 마음의 무게, 최근의 걱정, 관계의 온도 같은 요소들이 모두 더해져 전혀 다른 의미로 바뀌어 버리고 사람들은 그 차이를 명확히 설명하기 어렵지만 마음은 이미 그에 맞춰 움직인다. 그래서 대화를 하며 '나는 그런 뜻이 아니었는데 왜 그렇게 들렸지?'라는 상황이 자주 생기고 서로의 마음을 이해하는 과정에서 말보다 더 중요한 것이 마음의 맥락이라는 사실을 알게 된다.

말을 다르게 듣는 순간 속에서 드러나는 마음의 구조

각자가 똑같은 말을 다르게 듣는 이유를 따라가다 보면 사람의 마음은 단순한 통로가 아니라 기억과 경험과 감정이 차곡차곡 쌓여 있는 공간이라는 사실이 보인다. 말은 이 공간을 지나며 접촉하는 지점마다 의미를 얻고 색이 생기고 방향이 바뀌며 사람마다 전혀 다른 형태로 마음속에 남는다. 그래서 말의 뜻을 이해하는 일은 사실 단어를 해석하는 과정이 아니라 상대의 마음이 어떤 흐름 속에서 움직이고 있는지 살피는 일에 가깝다. 이렇게 마음의 구조를 이해하게 되면 사람들과의 대화에서 생기는 오해를 자연스럽게 줄일 수 있게 되고, 서로가 가진 다른 경험의 흐름을 인정하는 순간 말의 온도도 훨씬 부드러워진다.

04

맞다와 틀리다 사이에 숨어 있는 또 다른 기준

퇴근길에 친구와 저녁 메뉴를 고르다가 '나는 이 집이 더 맛있어'라는 말에 서로 고개를 갸웃하게 되는 순간이 있다. 누군가는 '그 집은 너무 짜지 않아?'라고 말하고 다른 누군가는 '아니야, 나는 그게 딱 좋은데'라고 답하며 분위기가 은근히 엇갈리고, 특별한 갈등도 아닌데도 이해가 잘 맞지 않는 느낌이 스치고 지나간다. 음식처럼 가벼운 주제에서도 이런 차이가 생기는데 더 중요한 문제일수록 사람들은 '맞다'와 '틀리다'를 쉽게 단정 짓지 못하고 그 사이 어딘가에서 오래 머무르게 된다. 이때 사람들은 단순히 의견의 차이를 넘어서, 서로가 어떤 기준으로 세상을 바라보고 있는지 알지 못한 채 말만 주고받는다는 사실을 깨닫지 못하곤 한다.

경험에 따라 기준은 달라진다

사람들이 어떤 판단을 내릴 때 가장 먼저 작동하는 것은 자신이 살아온 경험이며 그 경험이 하나의 '기준선'처럼 마음속에서 의미를 만든다. 예를 들어 친구가 '일찍 자는 게 건강에 좋아'라고 말하면 그 말은 분명 사실에 가까운데도 듣는 사람은 자신의 생활 패턴을 떠올리며 받아들인다. 밤에 집중이 잘 되는 사람은 그 말이 전적으로 맞다고 느끼지 못하고 자신의 방식이 틀린 것은 아니라며 마음속에서 묘한 저항이 생긴다. 같은 말을 듣고도 반응이 다른 이유는 경험이 서로 다르기 때문이며 경험은 논리보다 훨씬 먼저 마음속에서 기준을 만든다. 이렇게 각각의 사람은 자신이 살아온 방식에 익숙해져 있기 때문에 무엇이 '맞다'고 느껴지는지, 무엇이 '틀리다'고 느껴지는지가 자연스럽게 달라진다.

관계의 결이 판단을 바꾼다

사람들은 누가 말했는지에 따라 같은 주장도 전혀 다르게 받아들인다. 가까운 친구가 '그 선택은 너무 위험해 보여'라고 말하면 조언처럼 들리지만, 평소 의견이 잘 맞지 않았던 사람이나 나를 자주 평가하던 사람이 같은 말을 한다면 마음은 즉시 방어적인 방향으로 움직인다. 같은 문장이라도 관계의 온도에 따라 '판단 기준'이 달라지는 이유는 사람의 마음이 상대의 의도와 감정을 먼저 읽으려 하기 때문이다. 관계 속에서 형성된 감정의 결은 말의 무게와 방향을 크게 바꾸고, 이 결이 어떻게 느껴지느냐에 따라 상대의 말이 맞아 보이기도 하고 전혀 동의할 수 없는 말로 변하기도 한다.

사실이 아니라 감정을 먼저 듣는다

정보가 들어올 때 사람들은 그 내용을 '사실' 그대로 받아들이는 것 같지만 실제로는 감정이 먼저 작동하여 해석을 만든다. '오늘 프레젠테이션 조금 급해 보였어'라는 말도 어떤 사람에게는 단순한 피드백처럼 들리지만 긴장했던 사람에게는 충고나 평가처럼 느껴지며 마음의 방향이 달라진다. 이때 판단은 말의 내용보다 그 말이 건드린 감정이 기준이 되며 사람은 스스로도 모르게 그 감정 기준을 '맞다' 혹은 '틀리다'의 근거로 삼는다. 그래서 누군가는 '맞아, 나도 그렇게 느꼈어'라고 쉽게 인정하고, 또 다른 누군가는 같은 말을 듣고도 '그건 네 생각일 뿐이야'라고 거리를 두게 되는 것이다.

상황이 바뀌면 기준도 달라진다

사람의 판단 기준은 고정된 것이 아니라 상황에 따라 계속 변한다. 평소에는 조용한 공간을 좋아하던 사람이 친구들과 여행을 떠나면 갑자기 북적이는 장소가 더 즐겁게 느껴지고, 평소에는 지출을 조심하던 사람도 특별한 날에는 과감해진다. 하루의 컨디션, 몸의 피로, 마음의 여유, 주변의 분위기 같은 것들이 기준을 바꾸고 사람들은 그 변화가 자신도 모르게 일어난다는 사실을 쉽게 놓친다. 그래서 어제는 맞다고 생각한 것이 오늘은 틀리게 느껴지기도 하고, 지나고 나서야 그때의 마음상태가 판단에 영향을 주었다는 사실을 알아채기도 한다.

가치가 다르면 판단도 달라진다

아무리 객관적으로 보이는 문제라도 사람들은 자신이 중요하게 여기는 가치를 기준으로 판단을 내린다. 시간을 중시하는 사람은 약속 시간에 늦는 일을 큰 문제로 받아들이지만, 상대가 여유롭고 관계를 더 중시하는 사람이라면 '조금 늦을 수도 있지'라는 시선으로 바라본다. 안전을 우선순위로 두는 사람은 조심스러운 선택을 '맞다'고 생각하지만 도전과 성장을 중시하는 사람은 동일한 선택을 '너무 소극적이다'라고 느끼기도 한다. 이렇게 사람마다 중요하게 생각하는 것이 다르기 때문에 같은 상황에서도 맞고 틀린 기준이 서로 다르게 만들어지고 서로의 기준을 이해하지 못하면 사소한 일에도 쉽게 오해가 생긴다.

관점마다 세상을 보는 방식이 달라진다

사람들은 흔히 맞다·틀리다라는 말이 절대적인 것처럼 느끼지만 실제로 그 사이에는 각자의 관점이 촘촘하게 자리 잡고 있다. 관점은 지금까지의 경험, 마음의 결, 관계의 온도, 중요하게 여기는 가치가 모두 섞여 형성되고 이 관점이 판단의 방향을 결정하는 중심축이 된다. 그래서 누군가의 의견이 전혀 이해되지 않을 때도 그 사람의 관점을 들여다보면 충분히 납득할 만한 이유가 보이고, 대화가 깊어질수록 서로의 판단 기준이 왜 그렇게 달랐는지 자연스럽게 이해하게 된다. 관점의 차이를 인정하는 순간 사람들은 더 넓은 시선을 갖게 되고 맞다·틀리다라는 단순한 구분이 아닌, 서로의 마음을 이해하는 방식으로 대화를 이어갈 수 있게 된다.

경계가 흐려질수록 관계는 부드러워진다

   사람들은 종종 '맞는 말'을 하려고 애쓰지만, 관계를 편안하게 만드는 힘은 그보다 '그럴 수도 있어'라는 여유에서 시작된다. 상대의 관점이 나와 다르다고 해서 틀린 것은 아니며, 나의 기준 역시 절대적인 기준이 아니라는 사실을 떠올리면 마음의 긴장은 조금씩 풀려 나간다. 결국 사람들은 각자의 삶에서 만들어진 기준을 품고 살아가며, 이 기준이 다르다는 사실을 이해하는 순간 대화의 방향은 훨씬 부드러워진다. 맞다와 틀리다 사이에는 생각보다 넓은 공간이 있고 그 공간을 이해하려는 마음이 일상 속 철학을 더 깊고 따뜻하게 만든다.

손해 보기 싫은 마음이 우리를 속이는 순간

마트에서 할인 코너를 지나가다가 평소 잘 사지 않던 물건인데도 '지금 안 사면 손해일 것 같아'라는 생각이 먼저 드는 순간이 있다. 집에 있는지 없는지도 정확히 기억이 나지 않는데도 눈앞의 기회를 놓치면 뭔가 잃을 것 같은 느낌이 올라오고 카트에 넣어두고서야 마음이 조금 안정된다. 나중에 돌아보면 꼭 필요했던 것도 아니고 오히려 괜히 샀다는 생각이 들지만 그 순간에는 손해 보지 않으려는 마음이 판단보다 훨씬 빠르게 움직이며 선택을 이끌어간다. 이렇게 사람들은 사소한 일에서도 '잃지 않으려는 마음'에 쉽게 흔들리며 그 마음이 뜻밖의 방향으로 시선을 이끌어 갈 때가 많다.

사람은 이익보다 손해에 더 민감하게 반응한다

손해 보기 싫은 마음이 강하게 작동하는 이유는 사람의 마음이 본래 이익보다 '잃는 것'에 더 큰 무게를 두기 때문이다. 예를 들어 새로운 카페에서 무료 음료 쿠폰을 준다고 하면 기분이 좋아지지만 평소 가던 카페의 포인트가 사라질 수 있다는 이야기를 듣게 되면 훨씬 더 예민해지고 불편함이 커진다. 손해의 가능성은 이익의 가능성보다 마음을 더 강하게 흔들고 그 순간 사람들은 차분한 판단보다 감정의 반응에 더 쉽게 이끌린다. 이런 감정은 아주 빠르게 작동하고 스스로도 그 이유를 설명하기 어려울 때가 많으며 자기도 모르게 손해를 피하려는 선택을 먼저 하게 만든다.

이미 들인 시간과 노력이 판단을 붙잡아 놓을 때가 있다

사람들은 어떤 일을 시작하면 그 과정에서 쓴 시간이나 노력, 비용을 쉽게 잊지 못하고 그만두는 것이 오히려 손해라고 느끼기 쉽다. 온라인 강의를 듣다가 흥미가 사라졌는데도 이미 구매했다는 이유로 끝까지 보려 애쓰거나, 재미 없어진 게임을 오래 붙잡고 있는 것도 같은 흐름이다. 사람들은 '손해 보기 싫다'는 마음 때문에 지금의 선택이 자신에게 더 이상 도움이 되지 않아도 멈추지 못하고, 계속한다는 사실만으로 손해를 피했다고 느끼려 한다. 마음속에서는 이미 들인 노력을 정당화하려는 감정이 작동하고 그 감정은 합리적 판단보다 훨씬 강한 힘으로 사람들을 붙잡는다.

작은 차이도 '손해'라는 말이 붙는 순간 크게 보인다

가격 차이가 몇백 원밖에 나지 않는데도 더 싼 상품을 고르기 위해 시간을 오래 쓰는 경우가 있다. 차이가 사실 아주 작더라도 '비싼

것을 고르면 손해'라는 생각이 마음속에서 커지고, 이 작은 차이가 과장된 의미로 느껴지며 판단의 무게는 기울어지기 시작한다. 예를 들어 택시와 버스의 비용 차이가 크지 않을 때도 사람들은 버스를 타면 아꼈다는 느낌을 더 크게 받는다. 실제로 절약한 금액보다 '손해를 피했다'는 감정이 더 만족을 주기 때문이다. 사람들은 이 감정 때문에 때때로 자신이 무엇을 진짜로 원하는지보다 손해를 피했다는 느낌을 우선시하기도 한다.

비교가 많아지면 손해에 대한 불안도 커진다

인터넷에서 제품을 고를 때 리뷰와 가격을 비교하다 보면 처음에는 도움이 되던 정보가 점점 마음을 복잡하게 만든다. 선택지가 늘어나면 '혹시 더 좋은 조건이 있는데 내가 놓치는 건 아닐까?'라는 생각이 자연스럽게 떠오르고 손해 보는 일에 대한 걱정이 커진다. 이때 사람들은 선택에 집중하는 것이 아니라 '손해를 피하는 것'에 초점을 맞추게 되고 비교할수록 만족감은 줄어들고 판단은 오히려 둔해진다. 마음속에서는 계속 더 나은 선택이 있을 것 같다는 불안이 움직이며 지금 선택하려는 것이 충분히 좋다는 사실을 쉽게 잊게 만든다.

사람은 자신이 선택한 것보다 잃은 것에 더 오래 머문다

무언가를 선택하는 순간 사람은 동시에 여러 가능성을 내려놓는다. 그런데 선택한 것보다 내려놓은 것에 더 마음을 두는 경우가 많고, 이 감정이 강할수록 손해를 본 것 같은 느낌이 오래 남는다. 예를 들어 휴가를 산으로 갈지 바다로 갈지 고민하다 바다를 선택했는데도 여행 내내 '산에 갔으면 어땠을까?'라는 생각이 계속 떠오르며 완전히 집중하지 못하게 되는 흐름이 있다. 사람들은 실제로 손해를 본 것이 아님에도 놓친 가능성을 손해처럼 느끼고 그 감정이 마음에 오래 남아 판단과 선택을 흐린다.

'손해 보기 싫다'는 마음은 때때로 자신을 속이기도 한다

사람은 손해를 피하려 할 때 오히려 더 큰 손해를 보기도 한다. 이미 비효율적인 선택이라는 걸 알고 있으면서도 '지금까지 했으니까 계속해야지'라는 생각 때문에 상황을 바꾸지 못하거나 '언젠가 쓸지도 몰라'라는 이유로 필요 없는 물건을 계속 쌓아두는 모습이 그렇다. 마음은 손해를 피하려고 하는데 실제로는 더 큰 부담이 쌓이고 그 부담이 시간이 지나며 자신을 압박하게 된다. 손해 보기 싫은 마음은 때때로 판단을 흐리고 자신에게 지나치게 관대한 변명을 만들기도 하며, 사람들은 그 변명을 진짜 이유처럼 믿어버리기도 한다.

손해를 피하려는 마음을 이해하면 선택은 훨씬 가벼워진다

사람이 손해에 민감하다는 사실을 알게 되면 선택의 순간에 마음이 흔들리는 이유를 더 부드럽게 이해할 수 있고 그만큼 판단도 편안해진다. 손해를 무조건 피하려 하기보다 지금의 선택이 나에게 어떤 의미를 주는지, 내가 정말 원하는 것이 무엇인지 천천히 바라볼 수 있는 여유가 생긴다. 마음이 흔들리는 이유를 이해하는 순간 선택의 부담은 조금씩 줄어들고 '혹시 손해 보면 어떡하지'라는 두려움 대신 '지금의 선택에서 얻을 수 있는 것'을 더 선명하게 바라볼 수 있다. 손해를 피하려는 마음은 누구에게나 자연스럽지만 그 마음을 이해하는 일은 오히려 자신에게 더 너그럽게 머무르는 힘을 만들고 일상의 선택도 더 부드럽고 자유롭게 느껴지게 한다.

06
바쁜데도 아무것도 못 하는 날의 철학

하루 종일 정신없이 움직였는데도 돌아보면 정작 해낸 것이 거의 없다는 느낌이 드는 날이 있다. 아침 일찍부터 알람 소리에 일어나 서둘러 출근 준비를 하고, 업무 메시지에 답장하고, 끊임없이 들어오는 요청들을 처리하느라 시간이 훅 지나갔는데 막상 저녁이 되어 책상 앞에 앉으면 '도대체 오늘 나는 뭘 한 걸까?'라는 허무한 생각이 스며든다. 몸은 분명 바빴는데 마음은 어딘가 비어 있는 듯하고, 계속 움직였는데도 성취가 없다는 이상한 괴리가 하루 전체를 무겁게 만들기도 한다. 이 익숙한 장면을 깊이 들여다보면 단순히 업무량의 문제가 아니라 마음이 어떻게 집중하고 흘러가는지에 대한 작은 철학이 숨어 있다.

마음이 분산되면 의미가 줄어든다

사람이 바쁜 날일수록 마음은 여러 곳으로 동시에 향한다. 눈앞의 일은 처리하면서도 다음 해야 할 일, 다 끝내지 못한 것, 메시지를 확인해야 한다는 생각이 계속해서 스쳐 지나가고 마음은 한곳에 오래 머물지 못한다. 예를 들어 업무 중인데도 갑자기 떠오른 다른 작업을 확인하느라 창을 바꿔보고, 메신저 알림이 뜨면 잠시 그쪽으로 시선이 옮겨 가고, 또 다른 생각이 나면 다시 새로운 일을 들춰보기도 한다. 이렇게 마음이 여러 방향으로 흩어지면 실제로 한 일은 많아 보이지만 의미 있는 흐름이 만들어지지 않아 '하루가 무의미하게 지나간 것 같다'는 감정이 크게 자리 잡는다.

집중이 끊기면 다시 시작하게 된다

무언가를 하려 할 때 집중이 여러 번 끊어지면 사람은 일을 이어가는 것이 아니라 매번 처음부터 다시 시작하는 것처럼 느끼게 된다. 중요한 보고서를 쓰려다가도 누군가가 보낸 '잠깐 확인 부탁해'라는 메시지 때문에 손이 멈추고 내용을 다시 읽어야 하고, 메일 하나 답장을 보내고 나면 앞서 무슨 생각을 했는지 잊어버려 다시 처음으로 돌아가야 하는 경우가 있다. 이렇게 반복되는 작은 중단들은 단순한 방해가 아니라 마음의 흐름을 자꾸 끊어놓고 하루 동안 여러 번 제자리로 돌아가는 느낌을 받게 된다. 그래서 바쁜 날일수록 '아무것도 못 한 것 같은 기분'이 더 크게 찾아온다.

일이 많을수록 우선순위가 흐려진다

바쁜 날의 가장 큰 문제는 일이 많은 것이 아니라 그중 무엇부터 해야 할지 결정하기 어려워지는 순간이다. 아침부터 여러 일이 한꺼번에 떠오르면 마음속에서는 모든 일이 동시에 중요해 보이고, 이 중 어떤 것을 먼저 해야 가장 효과적일지 판단이 흐려진다. 예를 들어 집에 도착하자마자 정리해야 할 것들, 휴대폰 알림, 미뤄둔 청소, 해야 한다고 생각한 공부까지 한꺼번에 떠오르면 사람은 그 어떤 일도 바로 시작하지 못하고 머리속에서만 맴돌게 된다. 이렇게 우선순위가 잡히지 않으면 바빴던 하루는 실제 행동으로 이어지기 어렵고, 무엇을 해도 '이게 맞는 선택인가?'라는 불안이 따라붙는다.

마음의 에너지는 계속 줄어든다

사람은 아침에 쓸 수 있는 집중의 에너지가 상대적으로 높고 시간이 지날수록 그 에너지는 조금씩 소진된다. 그래서 아침에 작은 일 하나를 해결해도 성취감이 크지만, 저녁쯤 되면 사소한 일에도 금방 지치고 집중력이 크게 떨어진다. 하루 종일 여러 일을 처리하며 마음의 에너지가 많이 줄어들었을 때는 간단한 일도 유난히 힘들게 느껴지고, 아무리 바쁘게 움직여도 집중의 깊이가 적어 일을 완전히 끝내지 못한 채 중간 단계에서 머물게 된다. 이런 흐름 속에서 사람들은 자신이 게으른 것이 아니라 마음의 에너지가 자연스럽게 줄어들었을 뿐인데도 스스로를 탓하며 '왜 이렇게 아무것도 못 했지'라는 생각을 하게 된다.

압박이 클수록 작은 일에 매달린다

바쁜 날일수록 큰 일보다 작은 일에 시간을 빼앗기기 쉽다. 큰 일은 마음의 에너지를 많이 필요로 하고 시작할 용기를 내기 어렵기 때문에 사람들은 상대적으로 가벼운 일들을 먼저 처리하며 부담을 줄이려 한다. 예를 들어 중요한 기획을 해야 하는데도 문득 떠오른 서랍 정리나 불필요한 파일 삭제 같은 일에 몰두하고 있는 자신을 발견할 때가 있다. 이는 게으름이 아니라 마음이 큰 부담을 피하고 싶어 하는 자연스러운 움직임이며, 작은 일을 끝낼 때마다 잠시 안도감을 느끼지만 결국 큰 일은 그대로 남아 있어 '오늘도 제대로 한 게 없다'는 감정으로 이어진다.

마음이 어지러울 때 사람은 여백을 필요로 한다

바쁘기만 하고 실질적인 성취가 없다고 느끼는 날에는 마음이 이미 여러 감정과 생각으로 가득 차 있는 상태일 때가 많다. 이럴 때는 아무리 시간을 쏟아도 집중이 깊어지지 않고, 오히려 마음속에는 '뭔가 계속 해야 한다'는 압박감만 쌓인다. 사람은 마음속 여백이 사라지면 작은 일에도 더 민감해지고, 불완전한 선택들이 이어지며 하루 전체가 무겁게 느껴진다. 하지만 잠시라도 마음을 쉬게 할 수 있는 공간을 만들면 같은 시간이 훨씬 다르게 흐르고, 해야 할 일이 많아도 마음은 부드럽게 움직이기 시작한다.

아무것도 못 한 날도 마음의 신호다

바쁜데도 성취가 없는 날을 '헛된 하루'라고 느끼기 쉽지만 사실은 마음이 잠시 멈춰야 한다고 알려주는 신호일 때가 많다. 마음은 무한히 움직일 수 있는 엔진이 아니라 일정한 리듬과 여유가 필요하고, 때때로 아무것도 못 한 것 같은 날은 그 리듬이 무너졌음을 보여주는 자연스러운 흐름이다. 이런 날을 실패로 받아들이기보다는 마음이 회복을 필요로 했다는 의미로 바라보면 부담은 줄어들고 다음 날의 집중은 오히려 더 강해진다. 바빠 보이지만 아무것도 하지 못한 하루는 사실 마음이 조용히 균형을 되찾으려 했던 순간이며, 그 움직임을 이해하면 일상의 속도도 조금 더 가볍고 따뜻하게 흘러간다.

왜 나는 늘 같은 실수를 반복할까

아침에 급히 집을 나서며 가방을 챙기던 순간 손에 익은 무게가 이상하다는 느낌이 스쳤지만 서둘러 현관문을 닫고 내려오다 보면 '혹시 또 충전기를 두고 나온 건 아닐까?' 하는 생각이 늦게 찾아오는 일이 있다. 분명 전날에도 같은 실수로 하루 종일 불편을 겪었는데도 익숙한 패턴을 거의 그대로 반복하는 자신을 발견하면 이유를 알 수 없어 답답한 마음이 들고 이런 반복이 나만 그런 것처럼 느껴져 괜히 작아지는 순간도 생긴다. 하지만 조금만 눈을 돌려 보면 많은 사람들이 비슷한 상황에서 같은 실수를 반복하고 있으며 그 속에는 사람의 마음이 가진 보이지 않는 흐름이 숨어 있다는 사실을 천천히 알아차리게 된다.

익숙함이 만들어내는 무의식의 힘

익숙한 행동이 계속 반복되는 이유는 생각보다 단순한데 대부분의 선택이 의식적으로 판단하는 과정이 아니라 무의식이 정해놓은 순서에 따라 자동으로 이루어지기 때문이다. 그래서 어제 아침과 비슷한 동선, 비슷한 행동, 비슷한 마음 상태로 하루를 시작하면 거의 똑같은 결과가 나온다. 출근길에 문을 잠갔는지 기억이 나지 않아 되돌아가는 일이나 늘 가던 길을 습관처럼 따라가다 약속 장소와는 전혀 다른 곳에 도착하는 순간들도 이런 무의식적 흐름의 한 부분이다. 사람의 마음은 익숙한 것을 좋아하고 낯선 선택을 부담스러워하는 경향이 자연스럽게 나타나기 때문에 새로운 방식으로 행동하기 위해서는 의식적으로 방향을 꺾어 주어야 하고 이 과정이 귀찮거나 번거롭게 느껴지면 익숙한 흐름이 금세 주도권을 되찾는다.

잘 안 바뀌는 감정의 패턴

반복되는 실수에는 감정의 영향도 크게 작용하며 특히 불안하거나 피곤하거나 마음에 여유가 없을 때 같은 실수를 더 쉽게 되풀이하게 된다. 예를 들어 중요한 약속이 있는 날일수록 평소보다 서두르게 되고 마음이 조급해진 만큼 판단이 흐려지기 때문에 빠뜨리는 물건이 더 많아지는 것처럼 보인다. 혹은 누군가와의 작은 갈등이 남아 있을 때 메시지를 답장하지 않은 채 하루를 넘기고 그 다음 날도 괜히 불편한 마음 때문에 또 미루다가 결국 다시 똑같은 상황이 반복되기도 한다. 감정은 말없이 행동에 스며들기 때문에 이유를 정확히 인식하지 못한 채 같은 행동을 반복하게 만들고 이것이 쌓이면 '나는 왜 이렇게 안 바뀔까?'라는 무력감이 찾아오기도 한다.

문제를 알면서도 행동이 바뀌지 않는 이유

많은 사람이 실수를 반복하는 순간 스스로를 탓하지만 정작 중요한 건 '왜'가 아니라 '어떻게 바꾸는가?'라는 질문에 마음을 두는 것이다. 사람은 문제를 알면 바뀔 것 같지만 실제로는 알고 있다고 해서 바로 행동이 달라지지 않으며 특히 반복되는 습관일수록 기존 방식보다 더 강한 동기나 분명한 이유가 없으면 바꾸기 어렵다. 예를 들어 밤마다 잠들기 전 휴대폰을 오래 보다가 다음 날 피곤해지는 반복을 끊기 위해서는 단순히 '내일부터 그만해야지'라고 다짐하는 것만으로는 부족하고 눈에 보이는 환경 자체를 바꾸는 방식이 훨씬 효과적이다. 휴대폰을 침실 밖에 두거나 알람을 따로 설정하는 것처럼 행동을 자동으로 달라지게 만드는 장치를 만들어 두면 의지에만 기대지 않아도 자연스럽게 흐름이 바뀌기 시작한다.

작은 변화가 만든 새로운 흐름의 시작

실수를 줄이고 싶은 마음은 누구에게나 있지만 그 마음이 지나치게 커지면 오히려 부담이 되어 쉽게 지치게 만들기도 한다. 그래서 작은 변화부터 시작하는 것이 좋고 변화는 엄청난 결심이 아니라 사소한 선택 하나에서 출발한다. 예를 들어 매번 식사 후 설거지를 미루다가 결국 하루가 끝날 때까지 싱크대 앞에서 미안함을 느끼게 되는 패턴이 있다면 '오늘은 단 하나의 그릇만 바로 씻기'처럼 아주 작은 목표를 정해보는 것이 도움이 된다. 마음속 기준을 낮추면 부담이 줄고 부담이 줄면 행동이 조금씩 달라지기 시작하며 이런 변화가 반복되면 어느 순간 예전과 다른 흐름을 자연스럽게 만들게 된다.

나를 아는 것이 반복에서 벗어나는 첫걸음

같은 실수를 반복하는 자신의 모습을 너무 단정적으로 평가할 필요는 없으며 그보다 중요한 것은 '어떤 순간에 흔들리는지'를 알아차리는 것이다. 자신이 무엇에 약한지, 어떤 상황에서 판단이 흐려지는지, 어떤 감정에서 행동이 멈추는지를 알면 실수가 줄어드는 속도도 훨씬 빨라진다. 예컨대 약속 시간에 자주 늦는 사람은 생각보다 '준비가 오래 걸리는 순간'을 간과하고 있을 수 있고 일을 미루는 사람이 있다면 '시작하기 직전의 부담감' 때문에 손이 멈추는 패턴을 가지고 있을 가능성이 크다. 자신이 반복하는 행동 뒤에 숨어 있는 감정과 흐름을 포착하기 시작하면 실수는 더 이상 부끄러운 것이 아니라 나를 이해하는 중요한 단서가 된다.

반복 속에서도 변화를 만들 수 있다는 믿음

사람이 같은 실수를 반복한다고 해서 변하지 않는다는 뜻은 아니며 반복은 오히려 변화를 위한 가장 좋은 출발점이 되기도 한다. 반복되는 순간들은 모두 자신의 마음이 어떤 방향으로 기울어 있는지를 알려주는 신호이며 그 신호를 흘려보내지 않고 조금만 관심을 기울이면 누구든 새로운 선택을 만들 수 있다. 반복은 완벽하지 않은 인간의 자연스러운 모습일 뿐이고 그 속에서 스스로를 이해하려는 마음이 생기면 행동의 흐름은 서서히 달라지기 시작하며 작은 이해들이 쌓이면 지치지 않고 오래 가는 변화의 길을 만들어준다. 그렇게 마음의 흐름을 천천히 바라보는 순간 우리는 같은 실수를 반복하는 이유를 알게 되고 이전보다 조금 더 나은 선택을 향해 한 걸음씩 움직이게 된다.

08

가까운 사람일수록 더 서운해지는 이유

가까운 사람에게 느끼는 서운함은 보통 아무 일도 아닌 순간에 슬그머니 찾아오며 습관처럼 하던 대화 중에도 느닷없이 표정을 무겁게 바꾸고 마음을 흐리게 만들고 평소라면 대수롭지 않게 넘겼을 말이나 행동도 유독 오래 마음에 남아 톡 쏘는 듯한 감정으로 이어지며 가까운 사람일수록 왜 이런 일이 더 자주 일어나는지 스스로도 헷갈릴 때가 있다.

익숙함이 만들어놓은 보이지 않는 기대

가까운 사람에게 느끼는 서운함은 대부분 우리가 인식하지 못한 채 마음속에 쌓아둔 기대에서 시작되며 오랜 시간 쌓인 익숙함은 서로를 편안하게 만들지만 동시에 보이지 않는 기준도 함께 만들어 두 사람이 같은 장면을 보면서도 서로 다른 마음으로 받아들이게 하고 평소에 익숙하게 했던 행동도 어느날 갑자기 다른 의미로 읽히게 하며 그런 오해가 크지 않은 순간부터 차곡차곡 쌓인다. 예를 들어 오랜 친구와 카페에서 나란히 앉아 이야기를 나누다가 무심코 휴대전화를 확인하는 모습을 보면 '다른 사람 얘기를 더 궁금해하나?'라는 생각이 스쳐 지나가고 그 순간 마음속에서 작은 금이 생겨 '나는 그냥 이야기 중간에 잠깐 본 것뿐인데'라는 친구의 마음과 서로 엇갈리기 시작한다. 이처럼 가까운 사람일수록 자연스럽게 상대가 나의 마음을 알아줄 것이라는 기대가 많아지고 그 기대가 충족되지 않을 때 서운함은 조용하지만 강하게 마음을 흔든다.

해석의 간격이 마음의 간격으로 바뀌는 순간

가까운 관계일수록 우리는 상대의 말이나 행동을 특별한 맥락 속에서 해석하며 이때의 해석은 상대가 실제로 의도한 것보다 우리가 마음속에서 만든 의미에 더 가깝고 작은 말 한마디에도 많은 기억과 감정이 덧입혀져 다른 방향으로 읽히곤 한다. 예를 들어 가족 중 누군가가 '괜찮아'라고 말했을 때 단순히 귀찮아서 하는 말인지 진짜 괜찮다는 뜻인지 혹은 마음이 상했지만 표현하기 어려운 감정인지 우리는 단번에 알아차리려고 하며 평소 쌓여온 분위기나 최근 대화 내용을 함께 붙여서 해석한다. 그런데 이런 해석은 정확하기보다는 마음의 상태에 따라 미묘하게 달라지고 하루가 힘들었던 날에는 같은 말도 차갑게 들리고 기분이 가라앉아 있을 때는 상대의 말이 어느 때보다 무심하게 느껴진다. 이렇듯 해석의 간격은 자연스럽게 마음의 간격으로 바뀌며 가까운 사람들과의 감정은 이렇게 작은 순간에서 크게 흔들린다.

우리가 말하지 않은 것들이 관계를 더 어렵게 만든다

서운함의 또 다른 뿌리는 말하지 않은 마음속의 거리에서 생기며 상대가 나에게 조금 더 따뜻하게 해주길 바라는 마음이나 오늘만큼은 나를 먼저 생각해주었으면 하는 바람처럼 구체적으로 말하지 않은 감정들이 쌓이면서 오해의 여지를 넓히게 되고 그 감정들은 말로 꺼내기 어려운 만큼 쉽게 삭여지지도 않고 자연스럽게 행동이나 표정에 묻어나며 상대에게 이상하게 전해진다. 예를 들어 연인이 퇴근 후 피곤한 모습으로 들어오는 걸 보면서도 '오늘 하루도 살림하느라 고생했겠다'라는 말 한마디를 듣고 싶은 마음이 생기고 그 말을 듣지 못하면 괜히 마음이 차가워지며 그 순간의 실망이 다른 행동들까지 부정적인 의미로 바꿔버리고 관계 전체를 왜곡한다. 이렇게 말하지 않은 마음들이 쌓이면 서로가 조금씩 더 조심스러워지며 사소한 오해가 깊어지는 계기가 된다.

가까움은 때때로 무게가 되기도 한다

우리는 가까운 사람과는 더 깊이 이해하고 싶어 하지만 동시에 그 관계가 나를 지치게 만들기도 하며 '너라서 더 기대했어'라는 말처럼 가까운 관계는 애초에 많은 감정의 무게를 가지고 시작된다. 이러한 무게는 서로에게 더 자주 실망할 가능성을 만들고 상대의 행동이 조금만 다르게 보여도 마음이 크게 흔들리고 빠르게 서운함으로 바뀌며 가까운 관계는 애정이 큰 만큼 감정의 폭도 넓어져 작은 일에도 크게 흔들리는 특성이 있다. 무엇보다 가까운 사람에게 받는 실망은 나를 더 민감하게 만들고 평소였다면 아무렇지 않을 행동도 특별한 의미를 가지게 되며 이것이 반복되면 감정의 피로가 쌓여 작은 서운함도 쉽게 회복되지 않는다.

서운함을 가볍게 만드는 시선의 전환

가까운 사람에게 느끼는 서운함을 조금 덜어내기 위해서는 상대를 다르게 보려는 시도보다 먼저 나의 마음을 살피는 것이 도움이 되며 '내가 지금 어떤 감정을 원하고 있었지?'라는 질문은 서운함을 단순한 감정이 아니라 내가 바라는 마음의 일부로 바라보게 하고 그제야 상대의 행동이 나를 향한 무심함 때문이 아니라 각자 하루에 짊어진 피로와 마음의 여백 부족 때문에 생긴 자연스러운 현상이라는 생각으로 이어지게 한다. 또한 서운함 자체를 숨기기보다는 상황에 맞게 부드럽게 표현하는 것이 관계를 더 단단하게 만들어주고 '그 말이 조금 마음에 남았어'라는 정도의 솔직한 표현은 오해를 줄이고 상대가 내 마음을 더 정확하게 이해할 수 있게 돕는다. 서운함을 무조건 참는 것보다 부드럽게 나누는 편이 관계에 안정감을 더해주고 서로에게 필요한 여유를 만들어준다.

우리는 서로의 불완전함 덕분에 더 가까워진다

가까운 사람일수록 서운함을 느끼는 이유는 서로에게 더 많은 마음을 쏟기 때문에 발생하는 자연스러운 현상이며 관계는 완벽한 이해가 아니라 서로 다른 방식으로 살아가는 두 사람이 조금씩 조정해 나가는 과정이라서 마음이 흔들리는 날이 있어도 그 또한 서로를 알아가는 중요한 순간으로 이어지며 서로의 불완전함을 인정하는 태도는 감정의 충돌을 줄이고 관계의 깊이를 더해준다. 가까운 사람에게 느끼는 서운함은 결코 관계의 약함이 아니라 서로에게 기대고 싶은 마음이 있다는 신호이며 그 마음을 이해하는 태도는 관계를 한층 더 따뜻하게 만들어준다.

지금의 나를 만든 작은 선택의 힘

아침에 눈을 뜨고 작은 알람 버튼을 끄는 순간부터 우리의 하루는 수많은 선택으로 이루어지기 시작하며 오늘은 커피를 마실지 말지, 먼저 씻을지 아니면 침대에 잠시 더 누워 있을지 같은 아주 작은 결정들이 쌓이면서 하루의 분위기를 만들고 이런 선택들은 대수롭지 않게 지나가지만 시간이 지나 다시 돌아보면 지금의 나를 만든 건 거창한 결심보다도 이런 작은 순간들이었다는 사실을 천천히 깨닫게 된다.

작은 선택이 쌓여 만들어지는 흐름

사람들은 보통 삶이 크게 바뀌는 계기를 떠올릴 때 중요한 사건이나 특별한 결정을 먼저 생각하지만 실제로는 눈에 잘 보이지 않는 사소한 선택들이 인생의 방향을 훨씬 더 깊게 바꾸는 경우가 많고 출근길에 어떤 음악을 들을지, 점심시간에 누구와 식사할지, 퇴근 후 집에 오면서 바로 쉬어갈지 아니면 짧은 산책이라도 해볼지 같은 별 것 아닌 선택들이 하루의 감정과 행동을 조금씩 바꾸어 그 흐름이 지속되면 어느새 새로운 모습의 나를 만들기도 한다. 흔히 '습관'이라고 부르는 것들도 사실은 반복된 선택의 결과이며 처음에는 의식적으로 고른 행동이지만 점점 자연스럽게 몸에 배면서 삶의 기초가 되고 작은 선택이 일상의 흐름을 결정짓는다는 사실은 우리가 생각하는 것보다 훨씬 중요하다.

한 번의 선택이 다음 선택을 부른다

작은 선택의 힘이 가장 크게 드러나는 순간은 한 번의 결정이 다음 행동을 미묘하게 바꾸기 시작할 때이며 예를 들어 퇴근길에 지친 마음을 달래기 위해 달콤한 음료를 사 마시는 습관은 처음에는 '오늘만'으로 시작되지만 그 선택이 편안함을 주는 느낌을 남기면 다음 날 비슷한 상황에서도 자연스럽게 같은 선택을 반복하게 된다. 반대로 집에 도착하자마자 소파에 눕고 싶은 마음을 참고 간단한 스트레칭을 하는 사람은 그 5분의 선택 덕분에 하루가 조금 더 가벼워지는 경험을 하고 그 감정이 반복되면 스트레칭은 노력 없이도 계속되며 이런 흐름의 변화는 처음에는 아주 작은 움직임처럼 보이지만 시간이 지나면 점점 더 큰 변화를 만들어 낸다. 이렇게 사소한 행동 하나가 이어지는 새로운 흐름을 만들고 그 흐름이 쌓여 나중에는 완전히 다른 습관을 만들어내는 과정 속에서 작은 선택이 가진 힘은 생각보다 크게 작용한다.

우리가 작은 선택을 가볍게 넘겨버리는 이유

작은 선택의 중요성을 알면서도 많은 사람들이 이를 가볍게 넘기는 이유는 선택의 결과가 즉각적으로 드러나지 않기 때문이며 사람의 마음은 단기간에 눈에 보이는 변화에 민감하고 장기적인 변화에는 둔감해지는 경향이 있다. 예를 들어 오늘 10분만 일찍 잠들었다고 해서 컨디션이 눈에 띄게 달라지지 않고 하루만 운동을 거른다고 해서 체력이 갑자기 떨어지는 것도 아니기 때문에 작은 선택들은 '오늘은 뭐 어때'라는 생각 속에 금세 사라져 버린다. 하지만 작은 선택들이 쌓이고 반복되는 과정은 마치 아주 느린 속도로 움직이지만 결국 방향을 바꿔버리는 흐름처럼 작용하고 나중이 되어 돌아보면 그 순간들이 지금의 모습을 만든 중요한 이유였음을 깨닫게 된다.

선택을 만드는 기준은 마음의 상태에서 시작된다

사람들은 선택을 할 때 논리적인 판단으로 움직인다고 생각하지만 실제로는 감정과 마음의 상태가 선택에 가장 큰 영향을 주며 어떤 날은 힘든 마음 때문에 간단한 일조차 더 어렵게 느껴지고 어느 날은 괜히 무언가 새로운 것을 시도해 보고 싶어지는 의욕이 생기기도 한다. 예를 들어 아침에 잠에서 덜 깬 상태로 출근 준비를 하면 대충 아무거나 챙겨 나가게 되고 마음이 가라앉아 있는 날에는 식사를 거르거나 하루 종일 무기력한 선택을 반복하게 되며 반대로 몸과 마음이 가벼운 날에는 평소 하지 않던 일을 시도해 보게 된다. 즉, 선택은 행동의 문제가 아니라 마음이 어디에 머물러 있는지에 따라 달라지고 같은 사람이라도 어떤 날은 적극적이고 어떤 날은 소극적으로 보이는 이유는 결국 선택의 기준이 마음의 상태에서 출발하기 때문이다.

작은 선택을 바꾸는 가장 쉬운 방법

작은 선택의 힘을 이해한다고 해도 이를 실천하기 위해 지나치게 큰 목표를 세우면 오히려 부담이 되며 변화는 작을수록 오래가고 힘들이지 않아도 자연스럽게 이어진다. 예를 들어 하루 1시간씩 운동하겠다는 목표는 며칠은 가능하지만 금세 지치기 쉽고 대신 '오늘은 5분만 몸을 움직여 보기' 같은 작은 행동은 부담 없이 시작할 수 있으며 이런 선택은 지속되며 삶의 흐름을 바꾸는 첫 단추가 된다. 책을 읽는 습관을 만들고 싶을 때도 한 번에 많은 양을 읽기보다 잠들기 전 몇 줄만 읽는 선택이 훨씬 자연스럽게 이어지고 행동이 가벼울수록 반복하기 쉬워지고 반복될수록 새로운 습관이 만들어진다. 중요한 것은 행동의 크기가 아니라 선택을 지속할 수 있는 흐름을 만들어내는 것이다.

내일의 나를 만드는 것은 거창함이 아니라 사소함이다

지금의 나는 어제의 선택들이 모여 만들어진 모습이며 내일의 나 역시 오늘의 작은 선택들이 모여 만들어질 것이고 이 사실을 알게 되면 삶의 방향이 거창한 결심이 아니라 일상의 사소함 속에 숨어 있다는 사실을 받아들이게 된다. 우리는 종종 큰 변화만이 삶을 바꾼다고 생각하지만 실제로 큰 결정 뒤에는 반드시 오랜 시간 이어진 작은 선택들이 함께 존재한다. 작은 선택을 의식하고 조금씩 방향을 바꾸어 주는 것만으로도 삶의 흐름은 충분히 달라지고 그 흐름이 쌓이면 어느 순간 지금보다 더 단단해진 자신을 발견할 수 있으며 결국 작은 선택들이 모여 삶의 기반이 되고 내일의 나를 조용하지만 깊게 만들어주는 중요한 힘이 된다.

⑩
모른다고 말하는 것이 더 현명할 때

아침 회의 시간에 누군가 갑자기 의견을 물어오면 머릿속이 잠시 멈추고 정확히 모르는 내용임에도 분위기상 대충 아는 척 대답해버리는 경우가 있다. 그러고 나서 자리로 돌아오면 '괜히 아는 척했네'라는 후회가 밀려오고 누군가 추가로 질문을 하면 대답이 점점 어색해지면서 마음까지 불편해진다. 사실 많은 사람들이 비슷한 순간에 머뭇거리고 '모른다'는 말이 왠지 부족해 보일까 봐 망설이지만 가만히 생각해보면 모른다고 말하는 일은 생각보다 훨씬 더 큰 지혜의 시작이라는 것을 점점 깨닫게 된다.

모르는 것을 인정하는 것이 왜 어려운가

사람들은 대부분 스스로를 유능하게 보이고 싶어하며 작은 질문에도 제대로 알고 있다는 인상을 주고 싶어하고 그래서 모른다고 말하는 순간 스스로의 가치가 떨어지는 것처럼 느껴질 때가 있다. 특히 가까운 동료나 가족 앞에서는 '어? 그것도 몰라?'라는 눈빛이 돌아올까 두려워 모르는 것을 솔직히 말하지 못하고 적당히 얼버무리는 선택을 하기도 한다. 이는 인간이 가진 자연스러운 방어심리 때문이며 자기 이미지를 지키려는 마음이 순간적인 판단을 흐리게 만들면서 오히려 더 큰 오해와 부담을 만들어 놓기도 한다. 결국 '모른다'는 말은 부족함을 드러내는 것이 아니라 마음속 불안을 마주하는 일이라 어렵게 느껴지고 이 장벽이 생각보다 많은 이들의 입을 막고 서 있는 셈이다.

모른다고 말하는 순간이 만들어내는 여유

하지만 '모른다'고 말하는 순간이 주는 가장 큰 선물은 마음의 여유이며 일단 모른다고 말하면 더 이상 아는 척 꾸미기 위해 불필요한 말을 이어갈 필요도 없고 틀릴까 봐 마음 졸일 이유도 없다. 예를 들어 누군가 여행지를 추천해 달라고 했을 때 잘 모르는 지역임에도 괜히 아는 척하면 검색으로 급히 정보를 찾고 설명하면서 눈치를 보게 되지만 솔직히 '한번도 가본 적은 없어서 잘 모르겠어'라고 말하는 순간 마음이 훨씬 편안해지고 대화도 자연스러워진다. 한 발 물러서 솔직한 태도를 보이면 상대도 억지 정보보다 진심을 더 믿게 되고 그 사이에 편안한 신뢰가 생긴다. 결국 '모른다'는 말은 대화를 가볍게 만들고 서로를 더 자유롭게 해준다.

모른다고 말할 때 비로소 배우는 문이 열린다

'모른다'는 말은 단순한 표현이 아니라 배움의 문을 여는 시작이며 알지 못한다고 인정하는 순간부터 비로소 진짜 질문이 생기고 질문이 생기면 새로운 생각이 들어올 자리가 만들어진다. 예를 들어 어떤 개념을 아는 척하며 넘어가면 그 순간에는 체면을 지킬 수 있지만 나중에 더 큰 정보의 공백이 생기고 결국 한 번 더 같은 난처함을 겪게 된다. 반면 솔직히 모른다고 인정하면 그 자리에서 다시 물어볼 수 있고 상대도 기꺼이 설명해주기 때문에 부족한 부분을 빠르게 채우게 되고 이런 과정이 반복되면 지식의 공백은 점점 줄어든다. 배우는 과정은 언제나 '내가 무엇을 모르는지'를 아는 데서 시작되고 그 용기가 사람을 더 단단하게 만들어 준다.

관계 속에서도 '모른다'는 말은 신뢰를 높인다

대부분의 사람들은 솔직한 태도에 마음을 열기 마련이며 관계 속에서 '모른다'고 말하는 일은 신뢰를 높여주는 중요한 요소이다. 예를 들어 친구가 고민을 털어놓았는데 그 내용을 잘 모르겠음에도 무심코 조언을 하게 되면 엉뚱한 방향으로 이야기하는 경우도 생기지만 '내가 이 상황은 잘 몰라서 조심스럽긴 한데'라고 말하는 순간 상대는 '이 사람은 진심으로 듣고 있구나'라는 느낌을 받게 된다. 솔직함은 상대의 감정을 가볍게 만들고 서로의 다름을 인정하는 태도로 이어지며 관계는 오히려 더 튼튼해진다. 특히 가까운 사이일수록 모른다는 말은 상대를 존중하는 표현이 되고 불필요한 오해를 줄이며 서로의 다름을 자연스럽게 받아들이도록 돕는다.

모른다고 말하는 용기는 자신을 지키는 힘이다

'모른다'라고 말하는 용기는 단순히 겸손의 문제가 아니라 자신을 지키는 태도이며 불필요한 책임을 떠안지 않게 하고 더 나아가 스스로를 공평하게 바라보는 여유를 준다. 예를 들어 업무 중에 잘 모르거나 확신이 없는 내용을 무리해서 처리하려고 하면 오히려 더 큰 실수를 유발하고 그 결과를 홀로 감당해야 하는 상황이 벌어지기도 한다. 이때 솔직하게 '이 부분은 잘 모르니 좀 더 확인이 필요해'라고 말하는 태도는 자신에게도 상대에게도 가장 정직하고 안전한 선택이 된다. 이는 단순한 판단이 아니라 삶의 중심을 지키는 태도이며 자신을 지키기 위해 필요한 기준을 세우는 과정이다.

우리는 모르는 순간을 통해 계속 성장한다

사람은 누구나 알지 못하는 영역을 가지고 있으며 이 영역은 시간이 지나면서 점점 줄어들기도 하고 새로운 영역이 생기기도 한다. 중요한 것은 모든 걸 아는 사람이 되는 것이 아니라 모르는 순간을 두려워하지 않고 그 순간을 나를 이해하는 시간으로 삼는 태도이며 모른다고 말하는 용기는 부족함을 인정하는 것이 아니라 성장하려는 마음의 표현이다. 우리는 모르는 순간 속에서 더 많은 배움과 새로운 시선을 얻을 수 있고 이 경험들이 서로 이어져 지금의 나를 조금 더 부드럽고 열린 사람으로 만들어 준다. 그렇게 마음을 가볍게 하고 세상을 바라보면 '모른다'는 말이 부족함이 아니라 지혜로 가는 과정임을 알게 되고 이 태도가 삶을 더 유연하게 만들어 준다.

모른다고 말하는 순간이 마음을 가볍게 한다

사람은 모르는 순간을 숨기려고 할수록 오히려 더 불안해지고 마음속 불필요한 경계가 높아지기 마련이다. 이렇게 만들어진 긴장감은 생각보다 오래 남아 이후의 대화나 행동에도 영향을 미치지만 모른다고 말하는 순간 그 긴장은 조금씩 풀리고 마음이 다시 본래의 속도를 되찾기 시작한다. 자신을 꾸밀 필요가 없다는 감각은 사람의 내면을 편안하게 만들고 그 편안함이 쌓이면 어떤 상황에서도 차분하게 대처할 수 있는 여유가 자라난다. 그래서 솔직함은 단순한 말의 문제가 아니라 마음이 숨을 쉬는 공간을 만들어주는 따뜻한 선택이다.

솔직함은 주변에도 편안한 분위기를 만든다

'모른다'는 태도는 주변 사람들에게도 긍정적인 변화를 일으킨다. 회의 자리에서 누군가 '이 부분은 잘 모르니까 다시 설명해줄 수 있어?'라고 말하는 순간 그 공간은 더 자유롭고 편안한 분위기로 바뀌고 다른 사람들도 숨겨둔 부족함을 감추지 않아도 된다는 안도감을 느낀다. 이렇게 솔직함은 서로의 긴장을 낮추며 자연스러운 대화를 유도하고 그 자리 전체가 한층 부드러워진다. 결국 진심을 드러내는 용기가 분위기를 바꾸는 힘이 된다.

모른다는 말은 지혜로 이어지는 길이 된다

 모른다고 인정하는 태도는 자신을 작게 만드는 것이 아니라 더 나은 방향으로 나아가게 하는 기회가 된다. 알지 못하는 지점을 정확히 마주할 때 사람은 스스로의 한계를 이해하고 그 안에서 배울 방향을 찾게 되며 이 과정이 반복될수록 마음은 더 단단해진다. 결국 '모른다'는 말은 멈춤이 아니라 출발의 신호가 되고, 그 신호를 받아들이는 만큼 삶의 시야도 더욱 깊고 넓어진다. 이러한 마음가짐이 사람을 더 유연하게 하고 한 걸음씩 성장으로 이끈다.

생각하는 방법을
처음부터 다시 배우다

01
생각이 복잡해지는 이유를 이해한다

사람은 평소처럼 지내다가도 갑자기 머릿속이 복잡해지고 마음이 차분하지 않게 흔들리는 순간을 맞이하게 되는데 특별히 바쁘지도 않은데 생각은 빠르게 튀어나오고 어느 순간에는 무언가에 쫓기는 느낌처럼 숨이 가빠지기도 한다. 예를 들어 잠깐 쉬려고 눈을 감았는데 해야 할 일, 잊어버린 약속, 어색했던 대화, 걱정되는 일정 같은 것들이 연달아 떠오르며 머릿속 한가운데에 차곡차곡 쌓이고 사람은 그 모든 생각을 동시에 붙잡으려 한다. 이렇게 갑자기 마음이 무거워지는 장면은 누구에게나 익숙하지만 정작 그 이유를 이해하지 못하면 자신이 원래 복잡하거나 부족한 사람이라는 오해로 이어지기도 한다.

여러 갈래로 흩어지는 생각이 동시에 찾아온다

사람의 생각은 하나씩 차례대로 나타나지 않고 각각 다른 방향으로 뻗어나가며 동시에 등장하고 뇌는 그 여러 갈래를 모두 놓치지 않으려는 습관을 갖고 있다. 예를 들어 '내일 일정 정리해야지'라고 생각하는 순간 '아 맞다, 그 전에 자료도 준비해야 하는데'라는 생각이 밀려오고 조금만 더 지나면 '근데 오늘은 언제쯤 쉬지'라는 마음의 질문까지 들어오며 갈래가 세 개, 네 개로 늘어난다. 뇌는 이 각각의 흐름을 모두 정리해두려 하지만 한꺼번에 붙잡으려 할수록 흐름은 더 복잡해지고 결국 어떤 생각도 완전히 이어지지 못한 채 마음을 어지럽힌다. 생각이 많아져 복잡한 것이 아니라 여러 갈래가 동시에 나타나는 구조 때문에 복잡함이 자연스럽게 생기는 것이다.

감정이 스며들면 단순한 생각도 무거워진다

생각 자체는 대체로 가벼운 정보에 가깝지만 여기에 감정이 더해지는 순간 생각의 무게는 크게 달라지고 복잡함도 함께 커지게 된다. '해야 할 일을 못 끝냈네'라는 단순한 사실은 쉽게 지나갈 수 있지만 여기에 '왜 나는 늘 이렇게 늦지'라는 실망이나 '내일도 힘들겠네'라는 걱정이 결합되면 같은 생각이라도 훨씬 깊고 무겁게 느껴진다. 감정은 생각의 옷처럼 붙어 있어 함께 움직이고 감정이 덧입혀진 생각은 쉽게 사라지지 않으며 새로운 생각까지 끌어와 흐름을 뒤섞는다. 결국 생각 자체가 복잡한 것이 아니라 감정이 붙음으로써 생각의 결이 달라지고 마음은 이를 한꺼번에 감당하며 혼란을 느끼게 된다.

생각의 줄기가 끊기면 뇌는 더 많은 생각을 불러온다

사람은 원래 흐름을 따라 생각하는 데 익숙하지만 작은 방해 하나에도 이 흐름은 쉽게 끊기고 다시 이어붙이려는 과정에서 많은 생각이 동시에 솟아오르며 복잡함이 커진다. 예를 들어 계획을 세우다 잠시 방에 있는 물건을 정리하거나 휴대전화 알림을 확인하는 등의 작은 움직임만 있어도 이어지던 생각의 줄기는 바로 흐려지고 다시 돌아왔을 때는 그 줄기를 찾기 위해 여러 생각을 뒤적이게 된다. 이때 뇌는 '무엇을 먼저 떠올렸지'라는 질문을 던지며 관련된 것들을 계속 끌어오고 이는 자연스럽게 또 다른 기억과 감정까지 함께 불러오며 생각은 걷잡을 수 없이 확장된다. 줄기가 여러 번 끊기면 뇌는 더 큰 혼란을 느끼고 자연스럽게 복잡함은 더 강하게 다가온다.

결론을 빨리 내리고 싶은 마음이 흐름을 흔든다

사람은 불확실한 상태를 오래 두는 것을 부담스러워하며 어떤 상황을 떠올리면 가능한 한 빨리 결론을 내리고 싶어 하는데 이 조급함이 더 큰 복잡함을 만들어내기도 한다. 예를 들어 누군가의 말투가 평소보다 차갑게 느껴졌을 때 그 이유를 차분히 살펴보기보다 '혹시 나에게 실망했나?'라는 빠른 결론을 먼저 붙잡으면 이후의 모든 생각은 그 결론에 맞춰 움직이기 시작한다. 실제와 다를 수 있지만 뇌는 이미 하나의 결론에 기댄 채 나머지 생각을 끌어오기 때문에 작은 의심이 감정, 걱정, 상상까지 연결되며 복잡함이 크게 늘어난다. 빠르게 결론을 내려 편안해지고 싶지만 이런 분위기는 오히려 생각의 흐름을 더 흔들고 복잡함을 크게 만드는 요소가 되기 쉽다.

생각은 많아서가 아니라 서로 뒤섞여서 복잡해진다

사람들은 흔히 '생각이 많아서 머리가 아프다'라고 말하지만 실제로는 생각의 양보다 성격이 서로 다른 여러 생각이 한 공간에 뒤섞여 있기 때문에 복잡함이 생긴다. 해야 할 일에 대한 계획, 해결되지 않은 감정, 과거의 기억, 미래에 대한 걱정이나 기대가 모두 한꺼번에 떠오르면 뇌는 이를 분리하지 못한 채 한 덩어리로 받아들이고 이때 혼란을 느낀다. 하지만 지금 떠오르는 것이 감정인지 계획인지 걱정인지 종류만 구분해도 뇌는 흐름을 정리할 수 있게 되고 복잡함의 절반은 자연스럽게 가라앉는다. 뇌는 생각을 강제로 줄이는 방식보다 섞여 있는 것들을 분리하는 방식에서 훨씬 더 큰 편안함을 느낀다.

판단을 금방 내리는 뇌의 습관을 알아본다

사람은 일상을 살아가며 아주 짧은 순간에도 자연스럽게 판단을 내리며 살고 있고 때로는 이 빠른 판단 때문에 상황을 잘못 이해하거나 불필요한 걱정을 떠안기도 한다. 예를 들어 길을 걷다 마주친 사람이 눈도 마주치지 않고 지나가면 '오늘 저 사람 기분이 안 좋은가 보네'라고 판단하고 친구가 메시지에 답이 늦으면 '혹시 내가 무슨 말을 잘못했나'라고 금방 생각해버리는 순간이 있다. 특별한 근거가 없어도 마음은 먼저 결론을 향해 달리고 뇌는 최소한의 정보만으로도 빠르게 판단을 세우는 습관을 가지고 있는데 이 습관이 왜 생겼는지 이해하면 스스로의 생각을 덜 비난하고 여유 있게 바라볼 수 있다.

뇌는 복잡한 상황보다 빠른 결정을 선호한다

사람의 뇌는 복잡하고 많은 정보를 한 번에 처리하는 것을 부담스러워하기 때문에 가능한 한 빨리 결론을 내려 상황을 단순하게 만들려는 경향을 지니고 있다. 예를 들어 낯선 공간에서 누군가의 표정이 조금 굳어 있다면 뇌는 '저 사람은 나를 신경 쓰고 있지 않다'라는 빠른 결론을 내려 긴장감을 줄이고자 한다. 이런 판단은 오래 생각하는 대신 상황을 간단하게 이해하도록 도와주는 방식이고 뇌는 이를 통해 에너지를 절약하려는 성향을 갖는다. 하지만 이 빠른 이해는 때로는 사실을 단순화한 것이고 충분한 정보를 수집하지 못했기 때문에 오해를 만들기도 하지만 뇌는 복잡함을 피하고자 빠른 판단을 선호한다.

한 번 세운 결론은 쉽게 수정되지 않는다

뇌는 일단 판단을 내리면 그 판단을 유지하고 싶어 하는 경향이 있고 이를 확인하려는 정보만 더 받아들이는 습관이 있다. 예를 들어 친구가 조금 퉁명스럽게 느껴졌다고 판단하면 이후 대화에서도 그 판단을 뒷받침할 만한 표현만 눈에 들어오고 반대로 부드러운 말투는 잘 기억나지 않는다. 뇌는 이미 세운 결론을 흔들리고 싶어 하지 않고 이를 지키기 위해 선택적으로 정보를 모으기 때문에 처음 판단이 틀렸더라도 그 결론을 강화시키며 생각을 좁혀버린다. 이 과정에서 뇌는 안정감을 느끼지만 실제로는 상황을 충분히 살펴보지 못하게 되고 생각의 흐름은 점점 한 방향으로 고정된다.

빠른 판단은 위험을 피하기 위한 오래된 본능이다

사람이 즉각적인 결론을 내리는 이유에는 오래된 생존 습관이 숨어 있고 과거의 환경에서 빠른 판단은 위험을 피하는 데 도움이 되었기 때문이다. 예를 들어 어두운 곳에서 갑자기 들린 소리에 '위험할지도 몰라'라고 바로 판단하는 것은 실제 상황을 조사하기 전에 몸을 보호하려는 자연스러운 반응이다. 이런 빠른 결론은 지금도 일상 속에서 계속 작동하며 우리는 누군가의 말투나 표정, 주변 분위기에서 순간적으로 의미를 읽어내고 이를 바탕으로 대응하려 한다. 하지만 오늘날 많은 상황은 위험과 무관하기 때문에 이 본능이 오히려 오해와 지나친 걱정을 만드는 경우가 많다.

뇌는 비어 있는 정보를 스스로 채우려고 한다

사람은 알 수 없는 부분이 남아 있으면 불편함을 느끼고 그 빈칸을 스스로 채우려 하며 이 과정에서 빠른 판단이 만들어지기도 한다. 예를 들어 회의에서 누군가의 반응이 애매하면 '저 사람은 내 의견에 동의하지 않는구나'라고 즉시 생각하고 상대의 의도를 정확히 파악하기 전에 마음속에서 결론을 만들어버린다. 뇌는 빈칸을 열린 상태로 두는 것을 힘들어하고 가능하면 그 자리를 가장 단순한 설명으로 채우려 하며 이 과정에서 많은 추측과 짐작이 결론처럼 굳는다. 빈칸을 채우는 습관은 일상에서는 편안함을 주지만 때로는 사실보다 앞선 판단으로 이어지며 생각의 폭을 좁힌다.

빠른 판단은 편안함을 주지만 이해를 방해하기도 한다

즉각적인 결론은 머릿속 혼란을 빨리 정리해주기 때문에 순간적으로는 큰 안정감을 주지만 그 판단이 서두른 결론일수록 더 많은 오해를 만들 수 있다. 예를 들어 상대의 의도에 대해 깊게 생각하기 전에 단순히 표정 하나만 보고 결론을 내리면 그 뒤의 모든 대화를 그 결론에 맞춰 해석하게 되고 실제와 다른 방향으로 이해하게 될 가능성이 높아진다. 빠른 판단은 마음의 부담을 줄이는 데 도움이 되지만 동시에 더 깊은 이해를 가로막기도 하고 사람들 사이의 관계를 더 복잡하게 만드는 요소가 되기도 한다. 뇌가 가진 이러한 습관을 알게 되면 지금 떠오르는 생각이 사실인지 혹은 빈틈을 채우려고 만든 결론인지 한 걸음 떨어져 바라보는 여유를 가질 수 있다.

03
한 번 더 생각하면 보이는 새로운 정보들

아침에 버스를 타려는데 동시에 사람이 몰려와 서로 먼저 타려는 분위기가 만들어지는 장면을 떠올려보면 된다. 그 순간 어떤 사람은 '다들 급한가 보네'라고 생각하고 또 다른 사람은 '양보를 안 하다니 너무 무례한데'라고 판단하며 같은 장면을 전혀 다르게 받아들이지만 조금만 속도를 늦춰 다시 바라보면 그 안에는 의외로 많은 정보가 숨어 있다. 예를 들어 뒤에 있는 사람이 아이를 데리고 있을 수도 있고 앞에 서 있던 사람은 오늘 중요한 일정이 있어 마음이 급했을 수도 있으며 누군가는 버스가 너무 혼잡해 당황했을 수도 있다. 이런 요소들은 빠르게 판단할 때는 잘 보이지 않지만 마음속에서 '한 번 더 생각해볼까?' 하고 멈추는 순간 그동안 놓쳤던 정보들이 서서히 드러난다.

조금만 속도를 늦추면 달라지는 장면들

사람은 보통 처음 느낀 인상에 기반해 상황을 빠르게 정리하고 싶어 하지만 그 과정에서 중요한 단서들을 무심코 지나치게 된다. 예를 들어 회사에서 동료가 말수가 줄어든 날이 있다면 '오늘 기분이 안 좋나?'라고 쉽게 결론 내리기 쉽지만 한 번 더 생각하면 그날 그 사람이 바쁜 업무에 집중하고 있었거나 개인적인 고민을 해결하려고 마음을 가다듬는 중일 수도 있다. 이렇게 속도를 조금 늦추는 것만으로도 세부적인 흐름을 다시 살펴보게 되고 처음에는 없다고 느꼈던 힌트들이 차근차근 모습을 드러내며 상황을 더 풍부하게 이해할 수 있게 된다. 작은 멈춤이 생각의 깊이를 바꾸는 것이다.

보이지 않던 의도와 감정을 발견하는 순간

누군가의 행동은 항상 겉으로 드러나는 모습만으로 설명되지 않고 그 뒤에는 마음의 결이 숨어 있는데 빠른 판단은 이 결을 놓치게 만든다. 예를 들어 친구가 내 이야기를 듣고도 크게 반응하지 않는다면 '관심이 없나 보다'라고 결론을 내리기 쉽지만 한 번 더 생각해보면 상대는 놀라서 말을 잇지 못하고 있었거나 어떻게 위로할지 고민하며 천천히 답을 준비하고 있었을 수 있다. 부드럽게 다시 바라보는 시도는 상대의 감정을 더 넓게 이해할 수 있는 여지를 만들고 보이지 않던 마음의 흔적을 발견하게 해주며 이런 과정이 쌓이면 인간관계도 더 따뜻하게 이어진다.

한 번 더 생각하기는 선택지를 넓힌다

빠르게 판단하면 결론이 단 하나만 남는 것처럼 느껴지고 머릿속 선택지가 사라지지만 다시 생각해보는 순간 여러 가능성이 동시에 펼쳐진다. 예를 들어 어떤 사람이 갑자기 차가운 말투로 대했을 때 바로 '나에게 불만이 있구나'라고 단정하면 마음이 금세 무거워지지만 한 번 더 생각하면 상대가 피곤했을 수도 있고 다른 일로 스트레스를 받고 있었을 수도 있고 단순히 말투가 평소보다 단단해 보였을 수도 있다는 다양한 가정이 떠오른다. 이 선택지가 넓어지는 감각은 마음을 가볍게 해줄 뿐 아니라 상황을 더 유연하게 해석하게 해주는데 생각의 폭이 넓어지면 감정 역시 더 부드럽게 흘러간다.

보이는 것 너머의 정보를 스스로 찾아내는 힘

사람은 처음 마주치는 장면에는 빛나는 정보만 보다가도 생각을 한번 더 해보면 그늘에 숨어 있던 요소들을 발견하게 된다. 예를 들어 회의에서 누군가 질문을 하지 않는 이유가 단순히 무관심이라고 판단했다면 이후 상황을 다시 떠올릴 때 그 사람이 다른 의견을 정리하느라 조용히 메모하고 있었다는 사실을 떠올릴 수도 있다. 또 어떤 상황에서는 상대의 표정이 굳어 보였지만 실은 눈이 부셔 잠시 얼굴을 찡그린 것일 수도 있고 감정이 아니라 환경이 만든 반응일 수도 있는데 이런 세밀한 차이는 빠른 판단에서는 놓치기 쉽다. 이렇게 보이지 않던 정보들을 찾아내는 과정은 생각의 층을 두껍게 만들고 이해의 범위를 자연스럽게 확장시킨다.

한 번 더 생각하면 관계가 부드러워진다

일상을 살아가다 보면 오해가 생기는 순간은 대부분 너무 빠른 결론 때문에 만들어지고 마음이 앞서 상황을 단순하게 정리하려 할수록 상대의 진짜 의도와 멀어질 때가 많다. 하지만 잠시 멈추고 다시 생각하면 이미 굳어져 있던 결론이 풀리며 서로를 향한 시선이 조금씩 부드러워지고 상대를 새롭게 이해하는 경험이 생긴다. 예를 들어 집에 돌아온 가족이 말없이 방으로 들어갔다면 '기분이 나쁜가 보다'라고 느끼기 전에 '오늘 많이 피곤했을까?'라는 또 다른 설명을 떠올리는 것만으로도 마음속 거리가 좁아지고 긴장이 사라진다. 이처럼 한 번 더 생각하려는 태도는 사람들 사이에 따뜻한 공간을 만들고 그 공간에서 새로운 의미와 관계가 자연스럽게 자라난다.

스스로에게 질문을 던지는 습관 만들기

저녁 무렵 카페에 앉아 따뜻한 음료를 한 모금 마시며 오늘 하루를 떠올리는 순간을 생각해보면 된다. 사람들의 이야기 소리가 잔잔히 섞여 흐르고 지나가는 자동차 소리가 느리게 배경처럼 깔리면서 머릿속에 '오늘 나는 왜 저렇게 말했을까?' 혹은 '그때 다른 선택을 했다면 어땠을까?' 같은 생각이 조용히 피어오른다. 이런 시간은 가벼운 반성이나 회상처럼 느껴지지만 사실은 스스로에게 아주 작은 질문을 던지는 중요한 과정으로 이어지고 이러한 질문은 생각의 문을 여는 열쇠처럼 작동하여 평소에는 지나쳤던 마음의 움직임이나 판단의 출발점을 다시 살펴보게 해준다.

질문은 생각을 움직이게 하는 첫 신호

사람은 대부분 자동으로 흘러가는 하루 속에서 큰 의심 없이 결정하고 행동하며 많은 순간을 그냥 받아들이지만 질문은 이 흐름의 방향을 살짝 틀어주는 역할을 한다. 예를 들어 누군가의 말 때문에 괜히 마음이 쓰였을 때 바로 기분 나쁨으로 결론 내리기보다 '왜 나는 저 말에 유독 민감하게 반응했을까?'를 스스로에게 던지면 감정의 뿌리를 다른 시각으로 확인할 수 있게 되고 그 안에서 자신의 기대나 불안 혹은 평소 갖고 있던 걱정이 드러날 수도 있다. 이렇게 단순한 질문 하나만으로도 생각의 촛점이 바뀌며 감정이나 판단에 대한 해석이 훨씬 깊어지고 스스로에 대한 이해가 넓어진다.

작은 질문이 마음의 표면을 살짝 흔들어준다

질문을 던진다는 것은 답을 얻기 위해 머리를 괴롭게 쓰는 것이 아니라 마음의 표면을 가볍게 건드려 '혹시 이런 가능성도 있지 않을까?'를 떠올리게 하는 과정이다. 예를 들어 한 친구가 약속 시간에 늦었을 때 바로 불만을 쌓는 대신 '오늘 혹시 무슨 일이 있었을까?'라고 스스로에게 묻는 순간 상황은 단번에 달라진다. 질문은 보이지 않던 여지를 만들어주고 마음을 단단하게 만들던 오해의 벽을 조금씩 느슨하게 풀어주며 새로운 해석이 생겨날 틈을 마련해준다. 이렇게 질문은 갈등을 피하기 위한 기술이 아니라 마음을 여는 일종의 습관에 가깝고 관계를 더 따뜻하게 바라볼 수 있게 해준다.

스스로를 살피게 만드는 조용한 대화

질문은 자신과의 조용한 대화에 해당하며 일상 속에서 금방 사라지는 감정들을 천천히 붙잡아 둘 수 있게 해준다. 예를 들어 회의에서 의견을 제시하지 못하고 머뭇거린 날이라면 '나는 왜 그 순간 입을 열지 못했을까?'라는 질문을 던지면 두려움 때문이었는지 혹은 확신이 부족했는지 혹은 그날 유난히 마음의 준비가 덜 되어 있었는지 자연스럽게 따라오는 생각들을 만나게 된다. 이런 과정은 자신을 비판하려는 시도가 아니라 자신에게 관심을 가져주는 방식이며 질문을 던지는 순간 마음의 여러 단서들이 연결되기 시작해 다음에는 조금 더 자연스럽게 움직일 수 있는 실마리가 생긴다.

질문이 쌓이면 관점이 넓어진다

사람은 누구나 자신이 보고 싶은 방향으로 상황을 해석하는 경향이 있어 질문 없이 생각하면 늘 익숙한 답에만 머물기 쉽지만 작은 질문들이 하루하루 쌓이면 관점이 조금씩 확장된다. 예를 들어 반복적으로 불편한 상황을 겪을 때 '왜 이런 일이 자꾸 생기지?'라고만 생각하면 불만만 커지지만 '나는 그 순간 어떤 선택을 하고 있었을까?' 혹은 '다른 방식은 가능했을까?'라는 질문을 스스로에게 던지면 상황을 단편적으로 보지 않고 흐름 전체를 이해하는 쪽으로 시선이 이동하게 된다. 이런 확장은 문제를 피하려는 것이 아니라 문제를 더 편안하게 다룰 수 있게 만들어주고 삶에 대한 유연함을 키워준다.

질문은 새로운 길을 찾게 하는 안내자

질문을 던지는 습관은 일상의 작은 갈림길에서 가장 자연스러운 안내자처럼 작동해 선택의 폭을 넓히고 다음 행동을 더 부드럽게 정리할 수 있도록 도와준다. 예를 들어 오늘 해야 할 일이 많아 마음이 복잡할 때 '무엇을 먼저 하면 좋을까?'라고 스스로에게 묻는 것만으로도 우선순위가 눈앞에 명확히 나타나고 막막했던 감정이 조용히 정리된다. 또 중요한 결정을 앞두고 '나는 무엇을 가장 걱정하고 있을까?'라고 스스로에게 던지면 문제의 표면보다 마음의 바닥에서 움직이는 불안이나 기대를 살필 수 있게 되고 그 안에서 실제로 중요한 것이 무엇인지 선명하게 구별할 수 있게 된다. 이렇게 질문은 머릿속의 흐름을 잡아주는 실처럼 움직이며 복잡한 생각을 자연스럽게 하나의 방향으로 묶어준다.

스스로에게 질문하는 사람은 더 단단해진다

질문을 던지는 습관이 자리 잡으면 흔들리는 일상 속에서 자신을 지탱하는 힘이 커지고 어떤 상황에서도 쉽게 무너지지 않는 마음의 기준이 만들어진다. 예를 들어 실수가 있었던 날 '왜 그랬지?'라는 자책보다 '다음에는 어떤 방식이 더 편안할까?'라는 질문을 선택하면 생각은 같은 실수를 되풀이하지 않을 방향으로 조용히 나아가게 되고 자신을 몰아붙이지 않으면서도 성장할 수 있는 길을 찾게 된다. 이처럼 질문은 책임을 회피하는 도구가 아니라 자신을 이해하고 돌보는 다정한 방식에 가깝고 앞으로의 선택을 스스로 정리할 수 있게 도와주는 마음의 구조를 만들어준다. 결국 질문을 던지는 사람은 자신이 어디로 가고 있는지 더 정확히 알 수 있는 사람이 되어 하루의 흐름도 자연스럽게 더 단단해진다.

05
생각 정리가 잘 되는 사람들의 작은 비밀

하루가 정신없이 지나간 뒤 집에 도착해 문을 닫는 순간 잠깐의 고요가 찾아오면 머릿속을 가득 채우던 생각들이 천천히 모습을 드러내기 시작한다. 그제야 오늘 어떤 감정이 스쳐 갔는지, 어떤 말들이 마음에 남았는지, 무엇이 나를 지치게 했는지 하나둘 떠오르곤 한다. 많은 사람들은 이 순간을 그저 피곤함이 몰려오는 시간 정도로 느끼지만 생각 정리가 잘 되는 사람들은 이런 짧은 틈에서 자신을 다시 바라볼 기회를 만든다. 이들은 복잡한 방법을 쓰지 않고도 머릿속 흐름을 정돈하는 작은 기술을 알고 있으며 그 덕분에 하루의 무게를 가볍게 흘려보낼 수 있다.

머릿속에 들어오는 생각을 무조건 붙잡으려 하지 않는다

정리가 잘 되지 않는 사람들은 떠오르는 모든 생각을 한꺼번에 해결하려 한다. 예를 들어 퇴근길에 '오늘 미완성인 보고서', '저녁 메뉴', '거래처에게 답장해야 할 메시지', '내일 처리해야 할 문제'같은 것들이 동시에 떠오르면 마음이 금세 무거워진다. 반면 생각 정리가 잘 되는 사람들은 이 모든 흐름을 하나로 묶지 않고 자연스럽게 분리해 둔다. 지금 바로 해결하지 않아도 되는 것, 잠시 잊어도 괜찮은 것, 천천히 다시 봐도 되는 것을 부드럽게 흘려보내며 머릿속을 좁은 방이 아니라 여러 입구가 있는 넓은 공간처럼 사용한다. 이런 여유가 생겨야 정말 중요한 생각이 선명하게 보이기 시작한다.

머릿속에만 두지 않고 가볍게 외부로 꺼내 놓는다

생각이 복잡할 때 대부분은 마음속에서만 그 흐름을 붙잡아두지만 생각 정리가 잘 되는 사람들은 생각을 외부로 꺼내는 데 익숙하다. 이들은 종이 메모나 휴대폰 메모장처럼 작은 도구를 이용해 떠오르는 단어나 감정을 가볍게 적는다. 긴 문장이 아니어도 된다. '내일까지 필요', '너무 바빠서 불안함', '말을 더 듣고 싶었음'처럼 단어 몇 개만 적어도 머릿속 잡음이 크게 줄어든다. 눈앞에 드러난 생각은 정리가 쉬워지고 감정과 상황이 얽혀 있을 때도 어떤 부분을 먼저 살펴야 하는지가 선명해진다. 기록은 생각을 안정된 틀에 올려놓는 과정이자 마음속 공간을 환기시키는 작은 기술이다.

서로 다른 생각을 연결해 흐름을 만든다

사람들은 종종 생각을 하나씩 따로 해결하려다 지치지만 생각 정리가 잘 되는 사람들은 생각을 연결해 하나의 흐름으로 만든다. 예를 들어 직장에서 누군가의 말이 마음에 걸렸다면 '왜 서운했을까?'를 질문하고 그 감정이 떠오르는 순간의 표정이나 분위기, 그날의 전체적인 상황을 이어 붙인다. 이렇게 흐름을 이어 보면 감정의 출발점이 보이고 내가 어떤 부분에서 흔들렸는지가 자연스럽게 드러난다. 단편적인 생각이 물 흐르듯 이어질 때 머릿속은 더 안정되고 판단 역시 차분해진다. 생각이 연결되면 마음도 연결되고 문제를 바라보는 시선이 폭넓어지기 마련이다.

자기만의 작은 기준을 미리 만들어 둔다

생각 정리가 잘 되는 사람들의 또 다른 비밀은 자신만의 작은 기준을 갖고 있다는 점이다. 이 기준은 거창한 원칙이 아니라 일상을 지켜주는 간단한 규칙들이다. 예를 들어 '감정이 격해질 때는 말을 바로 하지 않는다', '몸이 피곤한 날에는 중요한 결정을 미룬다', '마음이 복잡하면 잠시 산책을 한다' 같은 단순한 기준이 많은 혼란을 예방한다. 이런 기준은 머릿속을 정리하는 신호등처럼 작동해 결정을 서두르지 않도록 지켜주며 자신에게 필요한 시간을 확보하게 해준다. 작은 기준이 반복되면 사고의 중심이 단단해지고 외부 상황에 흔들리는 일이 줄어든다.

생각을 멈추는 시간을 의도적으로 만든다

머릿속이 정리되지 않을 때 많은 사람들은 오히려 더 많은 생각을 하려 하지만 이럴수록 마음은 더 복잡해진다. 생각 정리가 잘 되는 사람들은 이 흐름을 끊기 위해 의도적으로 멈추는 시간을 만든다. 예를 들어 책상 위의 물건을 잠시 정리하거나 물 한 잔을 천천히 마시거나 창밖을 바라보는 행동처럼 단순한 멈춤이라도 머릿속 회로를 부드럽게 재정렬해준다. 잠시 멈춤은 시간 낭비가 아니라 마음의 방향을 되돌리는 장치가 되고 이 과정에서 감정은 가라앉고 사고는 다시 선명해진다. 이러한 반복을 통해 생각이 복잡해지는 흐름을 스스로 조절할 수 있는 힘이 길러진다.

자신을 판단하지 않고 바라보는 태도를 유지한다

생각 정리가 잘 되는 사람들에게 가장 중요한 비밀은 자신을 바라보는 태도에 있다. 일이 마음대로 풀리지 않을 때 사람들은 '왜 나는 이것밖에 안 될까?'라고 자책하며 스스로를 몰아붙인다. 그러나 이 방식은 생각을 더 복잡하게 만들 뿐이다. 반면 생각 정리가 잘 되는 사람들은 '오늘 나는 어떤 상태였을까?', '어떤 감정이 사고를 흔들었을까?'를 조용히 돌아본다. 자기 자신을 비난하지 않으면 사고가 좁아지지 않고 여유가 생기며 마음이 말랑해지듯 부드러워진다. 이런 태도는 생각을 억누르지 않고 흘려보낼 수 있는 힘을 만들어주며 어떤 상황에서도 머릿속이 무너지지 않도록 지켜준다. 결국 생각을 잘 정리하는 비밀은 머릿속 기술이 아니라 자신을 다루는 태도에서 시작된다.

생각을 단순하게 바라보려는 태도가 힘이 된다

사람들은 생각이 복잡해질수록 더 깊이 파고들어 해결하려 하지만 생각 정리가 잘 되는 사람들은 복잡한 문제일수록 오히려 단순한 관점으로 되돌아가는 태도를 갖는다. 예를 들어 '왜 이렇게 마음이 복잡하지?'라는 질문 하나만으로도 감정과 생각의 흐름이 정리되기 시작하며 지나치게 많은 정보 속에서 중심을 잃지 않게 된다. 이런 태도는 문제를 작게 쪼개 보는 습관을 만들고 복잡한 감정 속에서도 지금 당장 할 수 있는 작은 행동을 찾게 도와준다. 단순함은 깊이를 없애는 것이 아니라 생각이 흩어지지 않도록 지켜주는 방향이 되며 마음은 점차 선명한 자리로 돌아오게 된다.

작은 변화라도 꾸준히 이어가는 힘이 쌓인다

생각 정리가 잘 되는 사람들은 변화가 한 번에 크게 만들어지지 않는다는 사실을 알고 있으며 대신 매일 아주 작은 행동을 반복해 사고의 흐름을 다듬는다. 예를 들어 하루에 5분만 조용히 앉아 마음을 들여다보는 습관이나 자기 전 단어 몇 개를 메모하는 행동처럼 사소해 보이는 움직임도 시간이 쌓이면 사고의 구조가 달라진다. 이런 작은 반복은 머릿속 기준을 자연스럽게 강화하고 감정이 요동칠 때도 방향을 잃지 않게 도와준다. 거대한 목표나 복잡한 기술이 아니라 일상 속 작은 행동이 사고를 정리하는 힘을 키우며 결국 스스로를 안정적으로 이끄는 기반이 된다.

4장

좋은 질문이 나를
더 똑똑하게 만든다

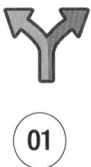

01
문제를 바꾸는 질문의 힘

퇴근길에 엘리베이터를 기다리며 조금 지친 몸을 기대고 있을 때 앞에서 버튼을 누르던 사람이 갑자기 고개만 까딱 하고 인사를 건네는 장면을 떠올려보면 된다. 그 사람의 표정은 조금 무표정하고 말투도 없어서 어떤 사람은 '나에게 관심이 없나 보다'라고 생각하고 어떤 사람은 '피곤해서 그런가 보네'라고 넘어가며 서로 다른 해석을 하게 되는데 이때 생각이 갈라지는 지점은 사실 감정이 아니라 그 순간 머릿속에서 스스로에게 던진 질문이 무엇이었는가에 달려 있다. 같은 상황도 '왜 저렇게 무례하지?'라고 묻는 사람과 '혹시 무슨 일이 있었던 걸까?'라고 묻는 사람이 전혀 다른 결론을 내리는 이유는 질문이 문제를 바라보는 틀을 결정하기 때문이다. 질문이 달라지면 상황이 달라 보이고 상황이 달라 보이면 감정도 자연스럽게 다른 흐름을 만들기 시작한다.

◆◆◆

사람들은 일상에서 생각보다 자주 스스로에게 질문을 던지지만 그 대부분은 무의식적으로 흘러가며 자신이 어떤 질문을 선택하고 있는지 알아채지 못할 때가 많다. 예를 들어 직장에서 동료가 단답형으로 말하면 어떤 사람은 '왜 저렇게 나를 싫어할까?'라고 묻고 어떤 사람은 '오늘 무슨 일이 있었을까?'라고 묻는데 둘 중 어떤 질문을 선택하느냐에 따라 하루의 기분과 관계의 흐름이 크게 달라진다. 첫 번째 질문은 상대의 행동을 나에 대한 공격으로 읽도록 하고 마음속 경계심을 높이지만 두 번째 질문은 상황의 맥락을 넓혀 사고의 통로를 여유롭게 만들며 상대를 좀 더 열린 시선으로 바라보게 만든다. 이렇게 질문 하나가 생각의 문을 닫기도 하고 열기도 하는데 대부분은 이를 의식하지 못한 채 자연스럽게 반응하는 데 그친다.

하나의 상황이 완전히 다르게 보이는 또 다른 예를 떠올려보면 이해가 더 쉬워진다. 예를 들어 누군가가 약속 시간에 조금 늦게 왔을 때 '왜 항상 늦을까?'라고 묻는 사람은 문제를 상대의 성격이나 책임감으로 좁게 해석하게 되고 자연스럽게 불만이 쌓인다. 반대로 '오늘 무슨 이유가 있었을까?'라고 묻는 사람은 문제를 원인의 여러 갈래로 열어두어 상대가 겪었을 수 있는 상황을 상상하게 되고 마음의 긴장이 조금은 풀리며 대화도 부드럽게 흐른다. 첫 번째 질문은 '왜'라는 단어를 사용하지만 이미 결론을 내려놓은 형태의 질문이기 때문에 상대를 평가하는 방향으로 이어지고 두 번째 질문은 열려 있는 형태의 질문이어서 문제를 더 넓게 바라보도록 만든다. 질문은 단순한 말이 아니라 사고의 방향을 결정하는 신호등과 같다.

사람들은 질문을 스스로 선택한다고 생각하지만 사실은 상황에 따라 익숙한 질문을 반복하는 경우가 많다. 예를 들어 잘 안 되는 일이 생기면 '왜 나는 항상 이럴까?'라는 질문이 떠올라 자신을 비난하는 방향으로 생각이 기울고 마음이 금세 무거워지는데 이 질문은 문제 해결에 아무런 도움을 주지 못한 채 기분만 복잡하게 만든다. 그런데 질문을 '이번에 어떤 부분을 다르게 해볼 수 있을까?'로 바꾸는 순간 사고의 방향이 평가에서 탐색으로 이동하고 생각의 흐름이 차분하게 정돈된다. 앞의 질문은 나를 규정하고 닫아버리는 역할을 하는 반면 뒤의 질문은 나를 열어두고 앞으로의 가능성을 보여주는 역할을 하며 이 차이가 생각의 결론을 완전히 달라지게 만든다. 질문을 바꾸면 감정이 달라지고 감정이 달라지면 상황에 대한 해석도 달라지기 때문이다.

질문은 문제의 크기도 바꾼다. 예를 들어 업무에서 실수가 발생했을 때 '왜 이렇게 큰 실수를 했지?'라고 묻는 순간 문제는 엄청난 크기로 확장되어 자신을 압박하고 스트레스를 강화한다. 하지만 질문을 '무엇 때문에 이런 실수가 생겼을까?'로 바꾸면 문제의 초점이 자신이 아니라 원인으로 이동하고 압박감이 줄어들며 상황이 훨씬 구체적으로 보인다. 질문을 '어떻게 하면 다음에는 더 자연스럽게 해결할 수 있을까?'라고 바꾸면 사고의 흐름은 미래를 향해 열리면서 실수의 무게도 가벼워진다. 같은 실수지만 질문이 다르면 실수의 의미 자체가 달라지며 문제의 성격까지 변화한다. 질문은 상황을 바꾸는 것이 아니라 상황을 바라보는 기준을 바꾸는 것이다.

또한 질문은 마음의 방향성을 결정한다. 예를 들어 누군가의 말에 상처를 받았을 때 '왜 저 사람이 저런 말을 했을까?'라고 묻는 사람과 '그 말을 들은 나는 왜 이렇게 흔들렸을까?'라고 묻는 사람은 전혀 다른 내면의 문을 연다. 첫 번째 질문은 상대의 의도에 초점을 맞추고 감정의 흐름을 바깥으로 향하게 하지만 두 번째 질문은 자신의 감정과 반응을 관찰하게 돕고 마음을 자신에게로 되돌린다. 이처럼 질문의 방향은 감정의 방향을 바꾸고 감정의 방향은 사고의 구조를 바꾼다. 좋은 질문을 던지는 사람들은 문제의 바깥보다 마음의 안쪽에서 단서를 찾으려고 하며 그 과정에서 생각의 깊이가 자연스럽게 생긴다.

좋은 질문의 힘은 상황을 바꾸지 않아도 해석을 바꾸고 해석이 바뀌면 마음이 가벼워지며 대화와 관계까지 달라지게 만든다는 데 있다. 질문은 사고의 출발점이자 방향을 잡아주는 작은 나침반과 같아서 같은 길에서도 전혀 다른 풍경을 보게 만들며 문제를 해결하기보다 문제를 다시 바라보게 만들어 생각의 폭을 넓혀준다. 그리고 이러한 경험이 쌓이면 사람은 자연스럽게 '문제를 어떻게 바꿔볼까?'라고 스스로에게 묻는 힘을 얻게 되고 그 힘은 일상의 많은 순간을 부드럽고 여유롭게 만들어준다. 좋은 질문은 지식을 늘리는 것이 아니라 마음을 적시는 방식으로 사고를 바꾸며 자신을 더 자연스럽고 균형 있게 성장하도록 이끈다.

02
나쁜 질문이 나쁜 결정을 부른다

퇴근 후 편의점에서 간단히 먹을거리를 고르려고 냉장고 문을 열었을 때 여러 선택지가 보이지만 이상하게 마음이 잘 정해지지 않는 순간이 있다. 같은 제품을 들었다 내려놓고 다시 올려다보며 괜히 고민이 깊어지는데 이때 머릿속에서는 이미 어떤 질문이 조용히 흐르고 있고 그 질문이 고르기 어려운 이유를 만들어 내고 있다는 사실을 쉽게 인식하지 못한다. 예를 들어 '혹시 더 좋은 게 있지 않을까?'라는 질문이 떠오르면 현재 선택지는 모두 아쉽게 느껴지고 결정을 내리기 어려워지며 사소한 선택에도 지나치게 신중해진다. 반면 '지금 먹고 싶은 건 뭐지?'라고 묻는다면 선택은 간단해지는데 이렇게 질문이 마음의 방향을 바꿔버리는 순간을 우리는 일상에서 수없이 경험하고 있다.

◆◆◆

사람들은 자신이 어떤 질문을 하고 있는지 자각하지 못한 채 반응하는 경우가 많지만 나쁜 질문은 생각보다 빠르게 판단을 왜곡한다. 예를 들어 친구에게 연락을 보냈는데 답장이 늦어지면 '왜 나를 무시하지?'라는 질문이 떠오를 수 있는데 이 질문은 상대의 행동을 부정적으로 해석하는 길을 열어놓고 마음에 불필요한 긴장을 만든다. 같은 상황에서도 '뭔가 급한 일이 있었을까?'라고 묻는다면 마음이 훨씬 부드러워지고 감정이 곧바로 부정적인 방향으로 흐르지 않는다. 첫 번째 질문은 상대의 의도를 단정하는 질문이고 두 번째 질문은 아직 닫히지 않은 여지를 두는 질문이라는 차이가 사고의 틀을 완전히 다르게 만든다.

나쁜 질문은 대개 상황을 해결하기보다 더 꼬이게 만드는 방식으로 작동한다. 예를 들어 직장에서 실수를 했을 때 '어떻게 이렇게 바보같이 행동했을까?'라는 질문이 떠오르면 자신을 몰아붙이는 방향으로 사고가 좁아지고 문제의 본질은 보이지 않은 채 감정만 커진다. 이 질문은 이미 나에 대한 평가가 들어 있기 때문에 해결책을 찾을 공간을 빼앗아버리고 마음을 더 무겁게 만든다. 그러나 '어떤 부분에서 실수가 생긴 걸까?'라고 묻는다면 문제의 구조가 드러나고 작은 단서들이 구체적으로 보이기 시작하며 감정에서 원인으로 사고의 전체 흐름이 이동한다. 나쁜 질문이 나쁜 결정을 만들고 좋은 질문이 해결책을 만들어 내는 이유는 이렇게 질문이 사고의 방향을 고정하거나 열어두기 때문이다.

또 한 가지 중요한 점은 나쁜 질문일수록 결론을 너무 빨리 만들어낸다는 것이다. 예를 들어 누군가가 평소보다 짧게 대답했다고 해서 '내가 뭐 잘못했나?'라고 묻는 순간 모든 해석이 나에게로 쏠리며 불안이 만들어진다. 이 질문은 내가 문제의 중심이라는 전제를 깔고 있어 상대의 상황이나 감정을 볼 기회를 지워버리고 오해가 쌓이는 길로 이끈다. 반면 '오늘 그 사람이 무슨 생각을 하고 있었을까?'라고 묻는다면 상황은 더 넓게 펼쳐지고 마음이 과도하게 흔들리지 않게 된다. 마치 좁은 문을 지나던 생각이 갑자기 넓은 복도로 들어서는 듯한 변화를 경험하게 되며 질문 하나가 감정의 안정과 사고의 균형을 가져다준다.

나쁜 질문은 때로는 선택지를 줄여버리는 방식으로 작동하기도 한다. 예를 들어 금전적 고민이 생겼을 때 '왜 나는 늘 돈에 서툴까?'라는 질문이 떠오르면 미래의 모든 가능성이 막힌 듯 느껴지고 스스로에게 낙인을 찍는 형태로 결론이 굳어진다. 이 질문은 해결책을 찾기보다 자신에 대한 실망을 강화하는 방향으로 사고를 이끌어 결국 나쁜 결정을 내리기 쉬운 환경을 만든다. 하지만 '이번에 어떤 부분을 고쳐볼 수 있을까?'라고 묻는다면 사고는 해결을 향해 움직이고 선택지는 다시 넓어져 더 나은 결정을 할 수 있는 기반이 마련된다. 나쁜 질문은 과거에 머무르게 하고 좋은 질문은 미래를 향해 열린 길을 만든다.

나쁜 질문이 더 위험한 이유는 그것이 감정을 조용히 부풀려 판단을 흐리게 만들기 때문이다. 예를 들어 가족의 한마디가 마음에 걸렸을 때 '왜 나한테만 저렇게 말할까?'라고 묻는 순간 서운함이 크게 흔들리고 생각이 상대의 의도에 고정되면서 감정적인 결정으로 이어질 수 있다. 이런 질문은 문제를 단순화하는 대신 감정의 색을 덧칠해 사실보다 더 크게 보이게 만들고 결국 관계에서도 불필요한 갈등을 낳기 쉽다. 반대로 '그 말이 왜 이렇게 마음에 크게 남았을까?'라고 자신에게 묻는다면 감정의 출발점을 더 정확하게 이해하게 되고 상대가 아니라 자신의 마음속에서 해석의 실마리를 찾게 되면서 감정이 차분해진다. 나쁜 질문은 바깥을 향해 손가락을 뻗고 좋은 질문은 안쪽으로 시선을 돌린다는 차이가 있다.

결정적으로 나쁜 질문은 생각의 길을 단 한 방향으로 몰아붙이는 경향이 있다. 예를 들어 어떤 일의 결과가 예상보다 좋지 않았을 때 '내가 괜히 시작했나?'라고 묻는 순간 사건은 실패라는 이름으로 고정되고 앞으로 어떤 선택을 하든 조심스러워지며 자신감을 잃게 된다. 그러나 질문을 '이번에 배운 점은 무엇이지?'로 바꾸면 같은 사건도 전혀 다른 의미로 다가오고 경험이 쌓여가는 과정으로 재해석된다. 질문 하나는 사건의 성격을 바꾸고 사건의 성격이 바뀌면 남는 감정도 완전히 달라진다. 나쁜 질문은 지나간 일을 무게로 남기지만 좋은 질문은 경험을 자산으로 남긴다.

나쁜 질문은 우리를 좁은 시야와 빠른 판단으로 몰아가고 감정에 휘둘리게 하며 해결해야 할 문제를 더 복잡하게 만드는 반면 좋은 질문은 시야를 넓히고 해석을 부드럽게 바꾸며 선택지를 다양하게 만들어 더 나은 결정을 가능하게 한다. 질문은 단순한 말이 아니라 사고의 구조를 만드는 틀이며 그 틀의 모양에 따라 생각의 방향과 크기, 그리고 감정의 흐름까지 달라진다. 일상에서 자신이 어떤 질문을 반복하고 있는지 천천히 살펴보는 행동만으로도 사고는 훨씬 더 안정되고 균형을 찾아가며 마음은 가벼워진다. 결국 나쁜 질문을 좋은 질문으로 바꾸는 것이 생각을 더 똑똑하게 만드는 가장 빠르고 부드러운 길이 되어준다.

03
답보다 질문이 먼저인 이유

퇴근 후 집에 들어오자마자 가방을 내려놓고 컵라면을 먹을까 간단히 요리를 해 먹을까 고민하는 순간이 찾아오면 생각보다 별것 아닌 선택인데도 시간이 괜히 길어지고 마음이 잘 정해지지 않는 경험이 있다. 이때 우리는 자연스럽게 '뭐가 더 빠르지?', '뭐가 더 귀찮지 않을까?' 같은 질문을 먼저 던지고 이런 질문들은 선택을 단순히 좁히는 것처럼 보이지만 실제로는 마음을 더 복잡하게 만들기도 한다. 반대로 '오늘 나는 어떤 음식을 먹으면 편안해질까?'라는 질문으로 방향을 바꾸는 순간 선택은 훨씬 부드러워지고 마음은 금세 가벼워지는데 이것이 바로 질문이 답보다 먼저 자리를 정할 때 생각의 흐름이 어떻게 바뀌는지를 가장 일상적으로 보여주는 사례라고 할 수 있다.

◆◆◆

사람들은 대개 답을 빨리 찾고 싶어 하지만 답을 향해 곧바로 뛰어가려는 마음 때문에 오히려 생각의 폭이 좁아지기도 한다. 예를 들어 회사에서 새로운 과제를 맡았을 때 '어떻게 해야 잘 보일까?'라고 묻는다면 머릿속에는 평가를 의식한 부담이 가득해지고 할 수 있는 선택은 몇 가지로 제한되기 쉽다. 하지만 질문을 '이 일의 핵심이 무엇일까?'로 바꾸면 사고의 초점이 달라지고 과제의 의미가 더 넓은 맥락에서 보이며 해결 방향도 자연스럽게 달라진다. 답을 향해 달려가지 않고 질문을 먼저 바꿔보는 태도는 생각의 바탕을 차분하게 만드는 데 큰 역할을 한다.

질문이 먼저일 때의 장점은 마음이 한 방향으로 밀리지 않고 여러 가능성을 동시에 살펴볼 여유가 생긴다는 점이다. 친구와 약속을 잡았는데 상대가 갑자기 취소했을 때 '왜 나를 이렇게 대할까?'라는 질문이 떠오르면 감정이 빠르게 상처 쪽으로 흘러가고 사건은 섭섭함으로 가득 채워진다. 그러나 '지금 친구에게 어떤 일이 있었던 걸까?'라고 묻는다면 마음은 훨씬 넓은 공간으로 이동하고 상황을 더 유연하게 바라볼 수 있는 틈이 생긴다. 질문이 먼저 들어오면 감정의 속도를 조절할 수 있는 힘이 생기고 그 힘 덕분에 마음은 조금씩 가라앉으며 상황은 보다 현실적인 얼굴을 드러낸다.

답을 먼저 찾으려고 하면 오히려 생각이 단단히 굳어져 버리는 경우도 많다. 예를 들어 건강이 걱정되어 검색을 해보면 작은 증상에도 '이거 큰 문제 아닌가?'라는 결론이 너무 빨리 나온다. 이는 '왜 이러지?'라는 질문이 걱정을 키우는 방향으로 굳어져 있기 때문인데 질문을 '지금 내 몸이 어떤 신호를 보내고 있을까?'라고 바꾸면 스스로의 감각을 조금 더 차분하게 들여다보게 되고 불필요한 걱정이 줄어든다. 질문은 마음이 어디를 바라볼지 결정하는 안내판처럼 작동하기 때문에 답을 서둘러 찾기보다 질문을 천천히 선택하는 시간이 훨씬 효과적일 때가 많다.

질문이 먼저일 때 또 하나의 큰 변화는 생각의 깊이가 자연스럽게 생긴다는 점이다. 일을 하다가 실수를 했을 때 '어떻게 고쳐야 하지?'라고 묻는다면 해결책만 찾는 데 집중하게 되지만 '어떤 과정에서 실수가 생겼을까?'라고 묻는다면 사고는 과정 전체를 돌아보는 쪽으로 확장되고 실수의 원인뿐 아니라 자신이 가진 습관이나 사고 패턴까지도 함께 보이기 시작한다. 답을 찾는 질문은 앞으로 나아가게 하지만 질문을 먼저 세우는 방식은 뒤에서부터 흐름을 살피게 만들어 문제를 더 깊이 이해하도록 돕는 역할을 한다. 초보자일수록 질문 없이 결론으로 달려가며 시행착오가 반복되는 이유는 이 과정이 생략되기 때문이다.

질문이 먼저 들어오는 순간 마음의 중심도 조용히 이동한다. 누군가의 말 한마디가 마음에 걸렸을 때 '왜 저렇게 말했을까?'라는 질문은 상대의 의도를 파헤치는 방향으로 마음을 몰아붙이고 감정의 진폭을 크게 만든다. 하지만 '그 말을 들은 나는 왜 이렇게 반응했을까?'라고 묻는다면 내 마음 안쪽에서 출발하는 해석이 생기고 감정의 중심이 상대가 아닌 나에게로 이동하며 마음이 조금씩 안정된다. 질문이 해석의 중심을 어디에 둘지 결정하는 순간 사고의 무게도 달라지고 그 결과 감정의 움직임이 훨씬 부드러워진다.

답보다 질문이 먼저인 이유는 결국 생각의 구조를 다시 짓기 위해

서다. 답은 하나의 방향을 가르키지만 질문은 여러 개의 문을 열어 두고 그중 어떤 문을 지나갈지 선택할 수 있게 해준다. 예를 들어 공부가 잘 되지 않을 때 '왜 이렇게 집중이 안 될까?'라고 묻는다면 문제는 '집중력 부족'으로 좁혀지고 자신을 탓하는 방향으로 생각이 흐를 수 있다. 그러나 '지금 내 몸과 마음이 무엇을 원하고 있을까?'라고 묻는다면 피곤함, 긴장, 환경, 감정 같은 다양한 단서들이 떠오르고 해결책도 자연스럽게 넓어진다. 질문을 바꾸면 문제의 모양이 바뀌고 문제의 모양이 바뀌면 해결의 방식도 완전히 달라진다.

질문이 먼저일 때 우리는 더 넓게 보고 더 깊게 이해하며 더 부드럽게 판단할 수 있게 되고 해답을 찾는 일도 한결 가벼워진다. 좋은 질문은 답을 만들어내는 과정이 아니라 답을 찾기 쉬운 상태를 만드는 과정이며 생각의 길을 열어주는 역할을 한다. 그래서 질문을 먼저 고른다는 것은 단순히 '생각하기 위한 준비'가 아니라 마음을 정돈하는 방식이자 사고의 방향을 다듬는 기술이며 일상의 많은 순간에서 자신을 더 균형 있게 유지하도록 돕는 힘이 된다. 답보다 질문이 먼저인 이유는 질문이 생각을 열고 감정을 다독이며 문제를 새롭게 보이게 만드는 출발점이기 때문이다. 이렇게 질문이 자리를 잡으면 일상의 크고 작은 문제들이 조금씩 가벼워지고 그 안에서 새로운 의미와 선택이 자연스럽게 자라난다.

04
질문 방식에 따라 관계가 달라진다

아침에 눈을 뜨자마자 휴대폰 화면에 떠 있는 메시지를 보고 괜히 마음이 무거워지는 순간이 있다. 별일 아닌데도 누군가의 말투가 차갑게 느껴지거나, 내가 괜히 오해한 것 같아 머릿속이 복잡해지기도 한다. 이런 순간을 가만 들여다보면 사실 관계는 '어떤 말을 했느냐' 보다 '어떻게 질문하느냐'에서 크게 달라지곤 한다. 질문 하나가 분위기를 부드럽게 만들기도 하고, 반대로 보이지 않던 벽을 세우기도 하면서 우리는 매일 아주 작은 질문 습관 속에서 서로를 이해하거나 멀어지는 경험을 반복하고 있다. 그래서 관계를 잘 다룬다는 것은 결국 좋은 질문의 힘을 아는 것에서 시작한다. 질문은 단순히 상대에게 정보를 얻기 위한 도구가 아니라, 서로의 마음이 어떤 방향으로 흐를지 결정하는 문장이라는 점에서 생각보다 훨씬 큰 의미를 갖는다.

✦✦✦

예를 들어 친구가 약속 장소에 늦었을 때 '왜 이렇게 늦은 거야?'

라고 묻는 것과 '무슨 일 있었던 거야? 괜찮아?'라고 묻는 것은 전혀 다른 결과를 만든다. 둘 다 상황을 알고 싶어 하는 말이지만 첫 번째 질문은 상대를 방어적으로 만들고, 두 번째 질문은 자연스럽게 마음을 열게 한다. 질문 방식이 바뀌었을 뿐인데 분위기는 완전히 달라지고 서로에게 남는 감정도 다르게 자리 잡는다. 사람의 뇌는 위협을 빠르게 감지하도록 되어 있기 때문에 말 속에서 비난의 기운을 감지하면 상대는 즉시 긴장하고 설명하려는 마음 대신 변명하거나 침묵하려는 태도를 보인다. 반면 상대의 상황을 먼저 헤아려주는 질문은 자신이 존중받고 있다고 느끼게 하며 관계를 부드럽게 이어갈 발판을 만들어준다. 결국 질문은 상대가 어떤 마음으로 대화에 들어올지를 먼저 결정해주는 열쇠 같은 역할을 한다.

가족 사이에서도 질문 하나는 관계를 오래도록 따뜻하게 만드는 힘을 갖는다. 누군가가 피곤해 보일 때 '왜 이렇게 피곤해 보여?'라고 묻는 대신 '오늘 하루 많이 힘들었지?'라고 묻는 순간 상대는 설명해야 한다는 부담에서 벗어나 있는 그대로의 마음을 인정받는 느낌을 받는다. 질문이 누군가를 끌어내는 도구가 아니라 그 사람의 감정을 조심스럽게 받아주는 방식이 되면 관계는 자연스럽게 편안해지고 말하지 못하던 감정도 서서히 드러나기 시작한다. 이런 경험은 누구에게나 익숙한데도 막상 실전에서는 감정이 앞서서 공격적인 질문을 먼저 던지곤 한다. 그래서 질문의 톤을 조금만 조정해도 관계는 훨씬 부드럽게 흐를 수 있다는 사실을 잊지 않는 것이 중요하다. 질문은 상대의 감정을 들여다볼 창이 되기도 하고, 나의 태도를 비추는 거울이 되기도 한다는 점에서 우리가 생각하는 것보다 훨씬 섬세한 도구다.

직장에서도 질문 방식은 분위기를 좌우한다. 같은 팀원이 실수를 했을 때 '이걸 왜 이런 식으로 한 거예요?'라고 묻는다면 상대는 자신의 판단을 비난받았다고 느끼며 방어적으로 굳는다. 반면 '여기서 어떤 부분이 가장 어려웠어?'라고 묻는다면 문제를 함께 해결하려는 의도가 담기고 상대는 자연스럽게 설명하며 도움을 받을 준비가 된다. 이렇게 질문은 상황을 분석하는 도구가 아니라, 상대가 어떤 감정으로 다음 말을 이어갈지 정하는 스위치 같은 존재다. 특히 사람들은 자신이 평가받는다고 느끼는 순간 마음의 문을 닫기 때문에 질문을 통해 '우리는 같은 편'이라는 느낌을 주는 것이 무엇보다 중요하다. 질문의 방향이 상대를 향한 관심인지, 잘잘못을 가리려는 시선인지에 따라 대화는 완전히 다른 길로 흘러간다.

관계가 깊어질수록 질문은 더 중요한 역할을 한다. 오래 알고 지낸 사이라고 해서 상대가 늘 같은 방식으로 이해되지는 않으며 서로에 대한 기대가 생기는 만큼 오해도 쉽게 자란다. 그래서 '왜 그랬어?'라는 짧고 강한 질문은 깊은 관계일수록 상처로 남는다. 반대로 '네가 그렇게 생각한 이유가 궁금해'라는 열린 질문은 상대의 세계를 더 넓게 이해할 수 있는 기회를 만든다. 질문이 좁아질수록 답은 단순해지고 감정은 뾰족해지며, 질문이 넓어질수록 답은 풍부해지고 감정은 부드러워진다. 결국 우리가 어떤 질문을 던지느냐는 상대의 마음이 어떤 형태로 나에게 다가올지를 정하는 방향표가 된다. 관계는 질문을 통해 연결되고, 또 질문을 통해 오해를 풀고, 다시 질문을 통해 가까워진다.

◆◆◆

그래서 좋은 관계를 만드는 사람들의 공통점은 질문을 '정답을 얻는 도구'로 쓰지 않는다는 점이다. 그들은 상대의 마음을 움직이고 대화의 속도를 천천히 만들고 서로의 감정을 안전하게 다룰 수 있는 공간을 만든다. 이는 특별한 기술이라기보다 작은 질문 하나를 바꾸는 습관에서 시작되며 우리가 평소에 어떤 질문을 던지는지 스스로 돌아볼 때 더 단단한 관계가 만들어진다. 질문은 말보다 먼저 마음으로 도착하는 문장이라는 점을 기억하면 자연스럽게 상대를 이해하려는 태도가 생기고 이는 결국 오늘의 대화를 부드럽게 만들며 내일의 관계를 더 따뜻하게 지켜준다. 질문의 방식은 작은 차이처럼 보이지만 시간이 지나면 깊은 신뢰로 이어지는 큰 흐름을 만든다. 질문을 바꾸는 순간 관계가 새롭게 열리고 우리는 서로에게 조금 더 편안하고 안전한 사람이 되어간다.

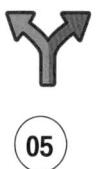

05
좋은 질문은 성장의 시작이다

하루를 시작하려고 잠에서 막 깬 아침, 침대 옆에 둔 컵에 물을 따라 마시면서 문득 전날 있었던 작은 일들이 떠오를 때가 있다. 누군가와 나눴던 대화가 마음에 남기도 하고, 괜히 의욕이 떨어졌던 순간이 떠오르기도 하며, 그때 왜 그런 기분이 들었을까 하고 스스로 되묻게 된다. 이때 대부분의 사람들은 그냥 지나가는 생각이라고 넘기지만 조금만 다른 질문을 던지면 전혀 새로운 시선이 열리기도 한다. '왜 그랬지?'라는 질문 대신 '여기서 내가 배울 수 있는 건 뭘까?'라고 묻는 순간 하루가 달라지기 시작한다. 질문 하나가 스스로를 다루는 태도를 부드럽게 바꾸며 마음을 조금 더 단단하게 만들어주기 때문이다. 좋은 질문은 단순한 생각 전환이 아니라 보다 나은 방향으로 자신을 이끌어주는 작은 안내문처럼 작동한다.

◆◆◆

예를 들어 어떤 사람이 중요한 발표를 했는데 만족스럽지 않은 결과가 나왔을 때 많은 사람들은 '왜 나는 항상 이렇게 부족할까?'라는 질문부터 떠올린다. 이런 질문은 스스로를 비난하게 만들고 실수의 원인을 찾기보다 감정의 늪에 빠지게 한다. 반면 '이번에 무엇을 알게 되었지?'라고 바꾸는 순간 상황은 완전히 달라진다. 같은 경험을 두고도 두 번째 질문은 앞으로 어떤 방향으로 가야 하는지를 자연스럽게 떠올리게 하며 실수 속에서 작게라도 배우는 부분을 찾도록 돕는다. 인간은 누구나 실수를 하지만 어떤 질문을 하느냐에 따라 실수를 성장의 연료로 만들지 혹은 좌절의 이유로 만들지가 결정된다. 그래서 좋은 질문을 던지는 습관은 스스로에게 가장 친절한 태도이기도 하다. 질문의 방향이 바뀌는 순간 마음이 받아들이는 방식도 달라지고 그 변화는 매우 조용하지만 분명한 힘을 가져다준다.

일상에서도 좋은 질문은 작은 선택 하나를 더 나은 선택으로 이끌어준다. 예를 들어 쇼핑할 때 '이게 나한테 필요한가?'라는 질문보다 '이걸 사면 내 생활이 어떻게 달라질까?'라고 묻는 편이 훨씬 실제적인 판단을 도와준다. 첫 번째 질문은 필요 여부만 따지기 때문에 감정에 쉽게 흔들리고 순간적인 충동에 의해 답이 바뀔 수 있다. 반면 두 번째 질문은 미래의 나를 떠올리게 하고 물건이 실제로 어떤 변화를 가져올지 상상하게 하면서 더 깊은 판단을 가능하게 한다. 이렇게 질문의 각도만 살짝 바꿔도 선택의 질은 크게 달라진다. 좋은 질문은 혼란스러운 마음을 정돈해주고 우리가 무엇을 중요하게 생각하는지를 자연스럽게 드러내게 한다. 결국 한 번의 질문이 오늘의 소비 습관부터 인간관계, 감정 관리까지 여러 영역에 영향을 미치며 그 차이는 시간이 지나면서 커다란 방향성을 만든다.

또한 좋은 질문은 스스로와의 관계에서도 중요한 역할을 한다. 많은 사람들이 기분이 가라앉는 순간 '왜 이렇게 의욕이 없지?'라고 묻지만 이런 질문은 스스로를 탓하는 느낌을 만들어 마음을 무겁게 만든다. 대신 '지금 내게 어떤 휴식이 필요하지?'라고 묻는다면 마음은 훨씬 부드럽게 열린다. 앞의 질문이 원인을 추궁하려는 톤이라면 뒤의 질문은 감정을 돌보는 태도를 드러낸다. 자기 자신에게 던지는 질문의 방식은 결국 자기 돌봄의 방식과 연결되기 때문에 질문을 바꾸는 순간 자신에게 더 따뜻해지는 경험을 하게 된다. 좋은 질문은 마음을 다그치지 않고 나를 다정하게 이끄는 문장이며 스스로를 이해하는 문을 조금씩 열어준다. 이렇게 질문은 타인을 향할 때뿐 아니라 나에게도 성장의 공간을 마련해주는 역할을 한다.

직장에서 마주하는 상황에서도 성장의 순간은 좋은 질문에서 시작되는 경우가 많다. 어떤 일을 맡았을 때 '이걸 어떻게 빨리 끝낼까?'라고 묻는 것과 '이 일을 통해 내가 어떤 능력을 키울 수 있을까?'라고 묻는 것은 전혀 다른 결과로 이어진다. 첫 번째 질문은 속도와 효율만 남기고 과정에서 얻는 배움을 놓치게 하지만 두 번째 질문은 나의 역량을 확장하는 방향으로 시선을 옮겨준다. 이렇게 질문을 넓히면 같은 업무라도 더 의미 있게 느껴지고 작은 단계에서도 성장의 신호를 발견하게 된다. 결국 좋은 질문은 단순히 지식이나 정보를 얻게 하는 것이 아니라 삶의 방향을 조금씩 바꾸고 나라는 존재를 더 탄탄하게 만든다. 질문을 통해 성장의 관점을 갖기 시작하면 이전에는 지나쳤던 경험들에서 새로운 의미를 발견하게 된다.

◆ ◆ ◆

좋은 질문을 던지는 습관은 결국 나를 더 나은 사람으로 이끄는 힘이다. 질문이 선명해지면 나의 행동과 선택 역시 조금씩 정리되고 앞으로 어디로 가야 할지 자연스럽게 보이기 시작한다. 이는 특별한 능력이 아니라 매일 작은 순간마다 질문을 살짝 바꾸는 습관에서 만들어진다. '왜 나는 이렇지?'라고 묻는 대신 '여기서 한 걸음 나아가려면 무엇이 필요하지?'라고 스스로에게 묻기 시작하면 삶의 속도와 방향이 달라지며 고민의 깊이도 자연스럽게 커진다. 좋은 질문은 자신을 비난하지 않고 미래의 나를 도와주는 문장이라는 점에서 성장의 출발선이 된다. 결국 질문이 나아질 때 비로소 삶도 부드럽게 나아가고 우리는 작은 배움들이 쌓여 조금씩 더 단단해진 자신을 발견하게 된다. 좋은 질문은 우리를 흔드는 순간마다 방향을 잡아주는 조용한 나침반이며 앞으로의 나를 만들어가는 가장 손쉬운 시작점이다.

5장

관점을 바꾸면
문제도 새로 보인다

01
같은 상황도 관점이 달라지면 새롭게 보인다

아침 햇빛이 창문을 지나 식탁 위로 부드럽게 번져들 때, 우리는 늘 보던 장면을 또 한 번 바라보지만 그 안에서 특별한 의미를 발견하는 일은 많지 않다. 익숙함은 편안하지만 동시에 생각을 멈추게 만들고 때로는 너무 당연하게 여겨서 놓치는 것들도 많다. 그런데 아주 작은 계기로 시선이 달라지면 같은 풍경도 전혀 다르게 보이고 마음속에 조용한 울림이 생기기도 한다. 관점을 바꾸는 일은 어렵지 않지만 한 번 변화가 일어나면 이전과는 전혀 다른 방식으로 세상을 이해하게 되는 순간이 온다.

관점은 우리가 세상을 해석하는 렌즈다

관점은 눈에 보이지 않지만 우리가 만나는 상황을 어떤 의미로 받아들이는지를 결정하는 큰 틀이다. 예를 들어 같은 말을 들어도 기분이 달라지는 이유가 바로 관점 때문이다. 누군가의 '왜 아직 준비

안 했어?'라는 말을 꾸중으로 들으면 마음이 급하게 조여오지만, 도움이 필요한 신호라고 보면 오히려 편안해진다. 똑같은 문장이지만 받아들이는 태도에 따라 감정이 크게 변하는 이유는 우리가 상황을 단순한 사실이 아니라 나름의 관점에 따라 해석하기 때문이다. 관점은 숨겨진 안내자처럼 우리가 무엇을 중요하게 보고 어떤 방향으로 생각을 흐르게 할지 조용히 결정한다.

익숙한 상황일수록 관점이 굳어진다
우리는 반복되는 상황에서 거의 자동으로 판단하는 습관을 가진다. 매일 마주하는 직장 동료의 표정, 집안일을 나누는 방식, 자주 가는 카페의 분위기 같은 것들은 '원래 그런 것'처럼 느껴지기 쉽다. 그런데 이 익숙함 속에 관점의 경직성이 숨어 있다. 예를 들어 늘 무뚝뚝하다고 생각한 동료가 어느 날 조용히 앉아 있다고 해서 기분이 안 좋아 보인다고 단정 짓는 경우가 있다. 사실은 잠을 못 잤을 수도, 단순히 집중 중일 수도 있지만 우리는 익숙하게 만들어진 관점을 그대로 덧씌워 판단한다. 이런 작은 오해가 쌓이면 관계가 서서히 어긋나기도 한다. 익숙한 상황일수록 관점의 고정성이 강해지기 때문에 작은 변화가 잘 보이지 않게 된다.

관점 하나가 감정을 흔드는 순간들
퇴근 후 집에 돌아와 보니 싱크대에 설거지가 그대로 쌓여 있는 모습을 보면 순간적으로 짜증이 올라올 때가 있다. 그때 마음속에서 가장 먼저 스치는 생각은 '왜 나만 이런 일을 해야 하지?' 같은 불만일 때가 많다. 하지만 관점을 조금만 바꾸면 전혀 다른 감정이 생긴다. '아, 오늘 많이 힘들었나 보다'라고 배우자를 떠올리면 마음이 조금 느슨해지고 설거지가 단순한 부담이 아니라 서로의 하루를 이해하는 과정처럼 느껴지기 시작한다. 상황 자체는 그대로인데 관점이 달라졌기 때문에 감정의 방향이 완전히 바뀌는 것이다. 이런 변화는 억지로 마음을 다독이는 것이 아니라 감정이 어떻게 만들어지는지 이해할 때 자연스럽게 찾아오는 흐름이다.

한 걸음 물러나 보면 보이지 않던 것들이 드러난다

사람은 본능적으로 당장 눈앞의 정보에 집중하려는 경향이 있다. 그래서 멀리 떨어져 봐야만 보이는 것들이 있다는 사실을 자주 잊는다. 예를 들어 어떤 프로젝트가 잘 풀리지 않을 때 대부분은 '왜 이것만 안 되는 거지?'라는 생각에 갇힌다. 그런데 관점을 조금 넓히면 지금 해결이 안 되는 이유가 기술적인 문제가 아니라 서로의 업무 방식 차이일 수도 있고, 일정 조율이 제대로 되지 않아서일 수도 있다. 시선을 좁게 두면 문제는 복잡해 보이지만 관점을 잠시 넓히면 문제의 실제 원인은 생각보다 단순하게 드러난다. 관점 전환은 해결책을 찾기 위한 새로운 문을 열어주고 숨겨진 단서를 드러내며 상황을 더 선명하게 보여준다.

관점 전환은 나를 지키는 기술이기도 하다

우리가 불필요하게 상처받는 순간 대부분은 관점이 너무 좁아졌을 때 발생한다. 상대가 무심코 던진 한마디를 지나치게 크게 받아들이거나, 잘 모르는 상황에서 스스로 책임을 떠안고 괜히 마음을 무겁게 만드는 경험도 그렇다. 하지만 관점을 조금만 바꿔보면 나를 과하게 몰아붙일 필요가 없다는 사실을 알게 된다. 예를 들어 '내가 잘못했나?'라는 생각 대신 '상대도 상황을 완전히 이해하지 못했을 수 있다'라는 시선을 가지면 마음이 훨씬 가벼워진다. 관점 전환은 상대를 위한 것이기도 하지만 동시에 나를 보호하는 방식이기도 해서 감정의 폭이 부드러워지고 관계에 여유가 생긴다.

우리가 바꿀 수 있는 것은 상황이 아니라 관점인 순간이 많다

누군가의 태도, 이미 정해진 일정, 어쩔 수 없는 조건처럼 바꿀 수 없는 상황들은 우리의 일상에 아주 많다. 그런데 이 상황을 다르게 바라보면 이미 존재하는 문제의 무게가 줄어들기도 한다. 예를 들어 장시간 기다려야 하는 병원 대기실에서 '왜 이렇게 오래 기다려야 하지?'라고 생각하면 시간이 더 느리게 흐르는 것처럼 느껴진다. 하지만 '이 시간 동안 잠깐 머릿속을 정리해볼까?'라고 바라보면 기다림이 부담이 아니라 잠시 쉬어갈 여유가 되기도 한다. 결국 우리가 바꿀 수 있는 것은 상황을 다시 꾸미는 것이 아니라 그 상황을 바라보는 방식이어서 관점을 바꾸는 일은 일상의 작은 자유를 찾아내는 가장 현실적인 기술이 된다.

관점을 바꾸는 연습은 아주 작은 경험에서 시작된다

관점 전환은 거창한 기술이 아니라 단지 한 번 더 생각해보려는 작은 의지에서 시작된다. 오늘 만난 사람의 표정을 다른 이유로 해석해보는 것, 일이 원하는 대로 흘러가지 않을 때 나를 탓하는 대신 상황의 구조를 살펴보는 것, 누군가의 행동을 성급히 판단하기 전에 그 사람의 하루를 잠시 떠올려보는 것 같은 작은 연습들만으로도 우리는 전혀 다른 세상을 보게 된다. 이렇게 관점을 바꾸려는 시도는 처음에는 작지만 시간이 지날수록 생각의 폭을 넓히고 마음의 여유를 키우며 인간관계를 부드럽게 만드는 힘을 가진다. 관점은 보이지 않지만 우리의 시선과 감정과 행동을 이끄는 조용한 축이어서 그 축이 조금만 움직여도 삶 전체의 결이 새롭게 바뀐다.

읽는 사람은 이 글을 통해 관점이 바뀌면 문제와 상황이 완전히 달라 보일 수 있다는 사실을 자연스럽게 느끼게 된다. 같은 장면도 어떻게 바라보느냐에 따라 감정과 판단이 달라지고, 때로는 해결책조차 새로운 모습으로 다가오게 된다. 관점을 바꾸는 일은 어쩌면 우리가 매일 할 수 있는 가장 작은 변화이지만 그 작은 변화가 하루의 흐름을 부드럽게 만들고 사람과의 관계를 더 따뜻하게 연결하며 결국 스스로를 더 편안하게 만드는 시작이 된다.

감정이 만드는 왜곡을 알아차리기

퇴근길 버스 창가에 앉아 밖을 바라보고 있으면 이유 없이 마음이 예민해지는 순간이 찾아오곤 한다. 평소라면 그냥 넘겼을 말도 피로가 겹치면 괜히 불편하게 들리고 누군가의 시선만으로도 마음이 위축될 때가 있다. 이런 변화는 하루 전체가 잘못된 듯 느껴지게 만들지만 대부분은 감정이 만들어낸 작은 흔들림일 때가 많다. 감정이라는 렌즈가 조금만 기울어도 세상이 다르게 보이기 때문에 그 흔들림을 알아차리는 일이 먼저다.

감정은 생각보다 훨씬 빠르게 반응한다

말 한마디를 듣는 순간 마음이 먼저 움직이고 그다음에 생각이 뒤따라오는 일이 많다. 예를 들어 직장 동료가 '오늘 제출해야 하는 자료 있지?'라고 말했을 때 감정이 편안한 날에는 '도와달라는 뜻이구나'라고 느끼지만 이미 피곤하거나 스트레스가 쌓여 있는 날에는 '왜 나만

재촉하는 거지?'라는 방향으로 해석이 바뀌어 버린다. 실제 상황은 동일하지만 감정의 결이 달라지면 해석 또한 전혀 다른 길로 흘러가고 그것이 판단까지 바꿔 놓는다. 감정은 단순한 기분이 아니라 우리가 세상을 읽는 방식에 영향을 주는 강력한 필터이기 때문에 먼저 감정이 어디로 향하고 있는지를 살피는 것만으로도 왜곡을 줄일 수 있다.

왜곡은 작은 순간에서 자란다

예를 들어 친구가 메시지를 읽고도 바로 답장을 하지 않으면 '바쁜가 보다'라고 생각할 때도 있지만 마음이 예민한 날에는 '혹시 나한테 화난 건 아닐까?'라는 쓸데없는 걱정이 앞선다. 사실은 친구가 일이 바빠서 미처 답장을 못 했을 뿐인데 내 마음속에서 이미 여러 가지 가능성을 꾸며내고 그 이야기를 진짜처럼 믿어버리는 것이다. 감정이 불안 쪽으로 기울어 있으면 불확실성을 채우기 위해 가장 부정적인 해석을 먼저 가져오는 경향이 있고 이 순간 우리는 스스로 만들어낸 이야기에 휘둘리게 된다. 감정은 실제보다 더 큰 의미를 부여하는 기술이 뛰어나기 때문에 마음이 예민한 날에는 정보보다 감정이 더 크게 들릴 수 있다는 점을 기억해두면 좋다.

감정의 방향이 해석을 바꾼다

가까운 사람이 말투가 조금만 짧아도 마음이 여유로운 날에는 '오늘 피곤한가 보다'라고 받아들이지만 이미 감정이 민감해져 있는 날에는 '나한테 서운한가?'라는 방향으로 흘러가며 스스로 상처를 만든다.

상대는 전혀 그런 의도가 없었는데 내 감정 상태가 그 행동에 의미를 덧칠해버리는 것이다. 특히 속상함, 피로, 서운함 같은 감정이 쌓여 있는 날일수록 내가 보는 장면은 실제보다 더 어둡고 무겁게 보이고 이런 감정의 방향을 알아차리지 못하면 작은 오해가 커지며 관계가 흔들리기도 한다. 감정이 판단을 이끄는 순간은 누구에게나 찾아오지만 그 흐름을 자각하면 해석을 조금 늦추는 여유가 생긴다.

느린 시선이 왜곡을 줄인다

어떤 상황을 보고 바로 마음속에서 결론이 나버릴 때가 있는데 이때 잠깐 멈춰서 '지금 내가 이렇게 느끼는 이유가 무엇일까?'라고 조용히 묻는 것만으로도 감정이 만든 이야기인지, 실제 정보인지가 구분된다. 예를 들어 업무 중 누군가가 편한 얼굴로 커피를 들고 돌아다니면 '나는 이렇게 바쁜데 저 사람은 여유롭네'라는 불편함이 올라올 수 있지만 이때 '내가 지금 많이 지쳐 있구나'라고 감정을 먼저 바라보면 불편함이 생긴 원인을 상황이 아니라 내 마음에서 찾게 된다. 감정을 바라보는 시선은 감정을 억누르는 것이 아니라 감정이 만들어낸 해석을 스스로 조용히 정리하는 과정이며 이 과정을 거치면 감정에 휘둘리지 않고 상황을 있는 그대로 보게 된다.

감정을 인정할 때 여유가 생긴다

'오늘따라 너무 예민한가?'라는 생각이 들면 우리는 보통 그 감정을 없애려 하지만 사실 중요한 것은 감정을 지우는 것이 아니라 '지금 이런 마음이구나'라고 인정하는 일이다. 감정을 인정하는 순간 마음속에 약간의 공간이 생기고 그 공간이 해석을 다시 살필 수 있는 여유가 된다. 예를 들어 지하철에서 누군가 부딪혔을 때 바로 화가 치밀어 오르는 날이라면 '오늘 내가 민감하구나'라는 자각이 그 감정이 만드는 왜곡을 줄이는 출발점이 된다. 감정은 우리가 조절할 수 없는 파도처럼 밀려오기도 하지만 그 파도가 어떤 방향으로 흐르고 있는지를 알고 있으면 휘말리는 대신 위에서 바라볼 수 있는 위치에 서게 된다.

감정의 그림자를 알아차리면 관계가 가벼워진다

가까운 사람과의 대화에서 작은 말투나 표정 때문에 불편함이 찾아올 때, 감정이 왜곡을 만들고 있음을 인지하면 상대의 말과 행동을 더 넓은 관점에서 바라보게 된다. 예를 들어 가족이 조금 짧게 대답했다고 해서 '나한테 화가 났나?'라고 성급히 판단하기보다 '혹시 피곤한 건 아닐까?'라고 시선을 옮기면 감정이 만들어내는 오해의 그림자가 사라진다. 감정은 우리가 느끼는 현실을 조용히 색칠하는 존재이기 때문에 감정의 움직임을 먼저 알아차리는 것만으로도 복잡한 해석이 단순해지고 관계가 부드러워지며 마음의 무게가 훨씬 가벼워진다. 감정이 만드는 왜곡을 이해한다는 것은 감정을 없애는 것이 아니라 감정을 온전히 받아들이고 그 위에서 더 정확한 시선을 갖는 방법을 배운다는 뜻이다.

03
관점 이동이 고민을 가볍게 하는 이유

퇴근 후 집에 돌아와 소파에 기대 휴대폰을 보다가 문득 마음이 꽉 막힌 것처럼 느껴질 때가 있다. 해결되지 않은 일이 머릿속을 계속 맴돌고 나도 모르게 한숨이 길어지면서 오늘 하루가 유난히 무겁게 느껴지기도 한다. 그런데 이상하게도 걱정거리의 실체는 크게 달라지지 않았는데 어느 순간 마음이 갑자기 한결 가벼워지는 경험을 할 때가 있다. 고민이 사라진 것이 아니라 같은 문제를 조금 다른 거리에서 바라보게 되면서 답이 보이기 시작한 것이다. 관점을 바꾼다는 건 생각보다 거창한 변화가 아니라 문제와 나 사이의 거리를 살짝 조절하는 일일 때가 많고 이 조절만으로도 마음이 숨 쉴 공간을 되찾을 수 있다.

관점이 바뀌면 무게가 달라진다
　예를 들어 직장에서 실수한 일이 하루 종일 마음을 짓누를 때가 있다. 방금 전까지만 해도 '왜 나는 이런 걸 제대로 못 했을까?'라는 자책이 계속 쌓여 머릿속이 복잡한데 잠시 산책을 하거나 잠깐 자리를 비우고 돌아오면 같은 실수라도 조금 더 담담하게 느껴진다. 실수가 그대로인데 마음이 가벼워진 이유는 문제를 마주 보던 시선이 잠시 옆으로 이동했기 때문이다. 문제를 너무 가까이 두고 바라보면 그 문제밖에 보이지 않지만 약간의 거리를 두면 문제의 크기와 맥락이 함께 보이기 때문에 지나친 확대를 막아준다. 관점 이동은 문제를 작게 만드는 마법이 아니라 문제와 나의 위치를 조정함으로써 숨겨져 있던 면을 드러내는 일에 가깝다.

고정된 관점은 고민을 키운다

누군가가 내 메시지에 답장을 빨리하지 않는 상황을 떠올려보면 마음이 불안할 때는 그 침묵이 무언가 잘못되었다는 신호처럼 느껴지지만 감정이 편안한 날에는 단순히 '바쁘겠지'라고 넘길 수 있다. 사실 정보는 완전히 동일하지만 불안한 마음은 그 침묵에 의미를 덧칠하고 그 의미가 곧 현실처럼 느껴지게 만든다. 관점이 한 방향에만 고정되면 작은 신호에도 과한 의미를 부여하게 되고 같은 장면도 훨씬 무겁게 보인다. 이런 고정된 관점의 특징은 문제를 해결하는 것이 아니라 문제를 더 크게 느끼도록 만든다는 점이며 이를 조금만 바꿔도 불필요한 무게가 상당히 줄어든다.

관점 이동은 질문에서 시작된다

'왜 이렇게 답답하지?'라는 막연한 질문 대신 '혹시 너무 가까이 들여다보고 있어서 그런 건 아닐까?' 같은 질문을 던지면 시선이 자연스럽게 이동하며 문제를 바라보는 각도가 바뀐다. 관점을 바꾸는 가장 쉬운 방법은 질문을 바꾸는 것인데 질문이 바뀌면 정보를 모으는 방식이 달라지고 정보가 달라지면 해석도 달라진다. 예를 들어 업무에서 막히는 부분이 있을 때 '왜 나는 이걸 못 하지?'라고 묻는 대신 '이 문제를 다른 사람이 본다면 어디를 먼저 볼까?'라고 묻는 순간 머릿속에 새로운 길이 열린다. 문제를 둘러싼 시야가 넓어지고 생각이 단단하게 굳어 있던 부분이 풀리기 시작하면서 마음속 압박감이 서서히 줄어든다.

관점 이동은 나를 먼저 보게 한다

고민이 깊어질수록 우리는 문제의 원인을 문제 자체에서만 찾고자 한다. 하지만 관점을 조금만 옮기면 지금 고민이 커 보이는 이유가 외부 상황이 아니라 내 마음 상태 때문이라는 사실을 발견하는 순간이 많다. 예를 들어 며칠 동안 반복해서 떠오르는 걱정이 있을 때 그 걱정을 자세히 들여다보면 실제 상황보다 내 감정이 훨씬 크게 반응하고 있다는 걸 깨닫는 순간이 있다. 이때 관점이 이동하며 문제의 중심이 '상황'에서 '나의 반응'으로 옮겨가고 이 움직임이 고민의 무게를 크게 줄여준다. 문제를 해결하는 방법을 찾기 전에 내 마음이 어떤 위치에 있는지를 이해하는 것만으로도 해결의 절반이 이미 이루어진 셈이다.

관점이 넓어지면 생각이 풀린다

사람의 마음은 일이 마음에 걸릴 때면 무의식적으로 같은 생각을 반복하며 점점 더 좁은 시야로 들어가려고 한다. 하지만 관점을 바꾸면 생각의 흐름이 한 방향에만 갇히지 않고 여러 갈래로 흘러가며 선택지가 생긴다. 친구와의 갈등 상황에서도 '왜 저 사람은 저렇게 행동했을까?'라고만 바라보면 감정이 더 복잡해지지만 '혹시 다른 이유가 있을까?'라고 시야를 넓히면 마음속 좁아진 길이 조금씩 풀려 나가기 시작한다. 문제를 억지로 작게 만들려는 것이 아니라 문제를 둘러싼 풍경을 더 크게 보려는 시선이 고민의 무게를 덜어주는 핵심이다. 시야가 넓어지면 생각이 자연스럽게 흘러가며 마음도 함께 정리되기 시작한다.

관점을 바꾸면 마음이 움직인다

고민이 깊어질 때 가장 힘든 점은 문제보다 마음이 한자리에 멈춰 있는 느낌이다. 생각이 같은 자리에서 맴돌며 앞으로 나아가지 못하는데 관점을 옮기면 가장 먼저 달라지는 것이 바로 마음의 흐름이다. 예를 들어 '왜 이런 일이 나에게만 일어날까?'라는 질문을 반복하면 마음도 그 자리에 정지하지만 '이 일에서 내가 배울 수 있는 게 있을까?'라고 묻는 순간 마음은 조용히 새로운 방향을 찾는다. 관점 이동은 문제를 단번에 해결해주는 마법은 아니지만 생각을 다시 펼쳐지게 하며 마음을 조금씩 가볍게 만든다. 문제의 무게를 줄이려 하기보다 마음의 방향을 바꾸는 일이 이미 절반의 변화를 이끌어낸다.

나에게 유리한 해석을 세우는 법

퇴근길 지하철에서 사람들이 빽빽하게 서 있는 가운데 창밖 어두운 터널을 바라보며 문득 오늘 하루가 괜히 서운하게 느껴지는 순간이 있다. 누군가의 말투가 조금 차갑게 들렸던 일, 메시지 답장이 늦었던 일, 회의에서 내 의견이 충분히 반영되지 않은 것 같은 느낌이 쌓이면서 사실 큰일은 아니었는데 마음속에서는 점점 의미가 커져 버리기도 한다. 이런 날은 같은 일을 떠올려도 유난히 나에게 불리한 방향으로 해석이 흘러가고 머릿속에서 그런 해석이 점점 단단해지면서 감정까지 무거워진다. 하지만 시선을 조금 바꾸면 같은 장면도 훨씬 부드럽게 보이기 시작하고 마음이 받았던 부담도 눈에 띄게 줄어드는 경험을 하게 된다. 나에게 유리한 해석을 세운다는 것은 억지로 긍정적으로 넘기라는 뜻이 아니라 나를 지키는 방식으로 현실을 바라보는 부드러운 기술에 가깝다.

해석은 마음의 렌즈다

예를 들어 친구가 평소보다 말이 짧고 무표정하게 보인다면 우리는 아주 쉽게 이를 '기분이 나쁜가?' 또는 '내가 무슨 말을 잘못했나?'처럼 나에게 불리한 방향으로 연결해 버리지만 사실 그 친구가 단지 피곤했거나 업무 때문에 마음이 분주했을 가능성도 충분히 있다. 해석은 언제나 빈칸을 채우는 방식으로 작동하고 우리의 감정 상태가 이 빈칸을 어떤 색으로 채울지 결정한다. 피곤하거나 예민한 날에는 사소한 표정 변화에까지 나쁜 의미를 덧칠하지만 편안한 날에는 같은 표정도 아무렇지 않게 지나간다. 결국 우리가 세운 해석의 대부분은 사실보다 감정의 영향을 더 많이 받으며 여기서 한 발 떨어져 바라보는 관점 전환이 중요한 이유가 바로 여기에 있다.

추측을 확신으로 만들지 말아야 한다

일상에서 일어나는 많은 오해는 확인되지 않은 마음을 사실처럼 받아들일 때 생긴다. 예를 들어 직장 동료가 내 아이디어에 미묘하게 반응이 없었다고 가정해보자. 그런 상황에서 우리는 '내가 괜히 말을 꺼냈나?', '혹시 내 의견을 중요하게 생각하지 않는 건가?'하는 식으로 단정 짓기 시작하는데 이때의 감정은 실제 상황보다 훨씬 앞서 나가 있다. 해석은 확신처럼 느껴지지만 근거는 거의 없다. 특히 감정이 예민할 때일수록 해석의 속도는 빨라지고 우리는 그 해석을 되돌아보지도 않은 채 마음속에 고정해 버린다. 나에게 유리한 해석을 세운다는 건 사실을 왜곡하라는 뜻이 아니라 이 '속도'를 잠시 늦추고 내가 지금 추측하고 있는지, 아니면 확인된 사실을 기반으로 판단하고 있는지를 분리해 보는 과정이다.

유리한 해석은 나를 지킨다

간혹 나에게 유리한 해석을 한다고 하면 현실을 외면하는 것이라고 오해하지만 실제로는 그 반대에 가깝다. 예를 들어 친구의 한마디가 날카롭게 들렸을 때 '나에게 화난 게 아니라 오늘 그 친구가 지친 상태일 수도 있다'라고 해석하는 것은 현실을 덜 보려는 것이 아니라 더 넓게 보려는 시도다. 감정적으로 불리한 해석만을 고집하는 것은 사실의 일부만 보는 것이지만 유리한 해석은 사실과 가능성을 모두 고려하는 쪽이다. 즉 해석의 '범위를 넓히는 것'이며 이 과정에서 마음은 자연스럽게 충격을 덜 받게 된다. 스스로를 지키기 위해 시야를 넓히는 일은 감정을 무시하는 게 아니라 감정이 나를 압도하지 않도록 건강한 경계를 만드는 일이다.

질문을 바꾸면 시선이 달라진다

예를 들어 누군가가 내 말을 잘 듣지 않는 것처럼 느껴졌다면 '저 사람 왜 저러지?'라는 질문은 상황을 한 방향으로만 좁히지만 '혹시 지금 집중하기 어려운 이유가 있나?'라는 질문은 시야를 넓힌다. 질문이 달라지면 정보가 다르게 모이고 정보가 달라지면 해석도 자연스럽게 달라진다. 이때 중요한 것은 '긍정적인 결론을 억지로 만들어라'가 아니라 '가능한 여러 결론을 열어둬라'는 방향이다. 나에게 불리한 해석은 언제나 결론이 빠르고 단정적이지만, 나에게 유리한 해석은 결론이 늦게 오고 여지가 많다. 여지를 남겨둔 해석은 감정이 갑자기 치솟는 일을 막아주고 마음의 속도가 지나치게 빨라지지 않도록 완충 역할을 한다.

해석을 바꾸면 관계의 분위기까지 달라진다

오해가 반복되는 관계일수록 해석의 방향이 얼마나 중요한지 더 잘 드러난다. 예를 들어 연인이 약속 시간에 조금 늦었을 때 '나에 대한 배려가 없구나'라고 해석하면 서운함이 깊어지지만 '오늘만 조금 정신없었나 보네'라고 해석하면 감정이 훨씬 부드럽게 흘러간다. 작은 해석 하나가 관계의 기류를 순식간에 바꾼다는 뜻이다. 나에게 유리한 해석은 상대에게 면죄부를 주자는 의미가 아니라 불필요하게 상처를 확대하지 않는 방식이며 이런 시선은 갈등이 있을 때 차분히 대화를 이어갈 수 있는 여유를 만든다. 해석을 통해 마음의 방향을 조절할 수 있다는 사실을 깨닫는 순간 관계에서 생기는 여러 오해들이 한층 덜 버겁게 느껴지기 시작한다.

해석의 기술은 일상을 부드럽게 한다

하루를 떠올려보면 우리가 받는 스트레스의 상당 부분은 사건보다 그 사건을 바라보는 해석 때문일 때가 많다. 같은 일이었는데도 어떤 날은 쉽게 넘기고 어떤 날은 크게 상처받는 이유는 그날의 내 마음 상태와 해석의 방향 때문이다. 그렇기 때문에 나에게 유리한 해석은 게으른 생각이 아니라 마음의 건강을 위한 능동적인 선택이며 스스로를 괴롭히지 않는 사고방식을 만들어 준다. 일상의 작은 장면마다 이런 선택을 반복하다 보면 점점 감정의 파도가 잦아들고 무언가가 생길 때마다 덜 흔들리게 된다. 결국 나에게 유리한 해석을 세우는 법은 힘든 상황을 덜 힘들게 만드는 부드러운 기술이며 이 기술을 익히는 것만으로도 마음은 자신이 감당할 수 있는 속도로 조금씩 더 가볍게 움직이기 시작한다.

05
관점을 전환하는 사람들의 사고 습관

퇴근 후 집 앞 편의점에 들러 따뜻한 음료를 하나 들고 나오는 길, 문득 오늘 하루를 돌아보면 사소한 일들이 유난히 크게 느껴지는 때가 있다. 같은 장면인데도 마음이 복잡해질 때가 있고 반대로 담담하게 넘길 수 있을 때도 있는데 이런 차이는 상황이 아니라 바라보는 관점의 변화에서 비롯되는 경우가 많다. 어떤 사람들은 똑같은 어려움 속에서도 비교적 빨리 마음을 추스르고 다시 자리를 잡는데 그 이유는 특별한 성격 때문이 아니라 관점을 전환하는 사고 습관이 몸에 배어 있기 때문이다. 관점을 전환한다는 건 문제를 외면하거나 억지로 긍정적으로 보라는 뜻이 아니라 생각의 방향을 살짝 바꿔 마음이 갇히지 않도록 여유를 확보하는 방식에 가깝다.

문제보다 맥락을 본다

예를 들어 회의 중에 누군가가 다소 날카롭게 말했을 때 감정이 앞서는 사람은 그 말 한마디에 집중하며 스스로를 탓하거나 상대방의 태도에 실망하지만 관점을 전환하는 사람은 동일한 장면에서 맥락을 먼저 살핀다. 상대가 오늘 이상하게 예민했는지, 지금 상황이 어떤 압박 속에 있었는지, 혹은 내가 들은 말의 어조가 실제보다 다르게 느껴진 건 아닌지 이런 요소들을 함께 고려함으로써 한 장면만 확대된 채 마음에 박히는 것을 막는다. 맥락을 본다는 것은 사건을 더 넓은 틀 속에서 바라보는 일이고 이 틀이 넓어질수록 특정 순간의 충격은 자연스럽게 약해진다. 이들은 문제가 생기면 먼저 '여기에는 어떤 배경이 있을까?'라고 자신에게 묻고 그 질문이 감정을 안정시키는 밑바탕이 된다.

감정 개입을 빨리 알아챈다

어떤 상황을 겪을 때 즉각적으로 떠오르는 생각은 사실보다 감정의 영향을 더 많이 받을 때가 많다. 예를 들어 메시지 답장이 늦을 때 '무시당했다'는 생각이 들거나 동료의 무심한 행동에 '나를 싫어하나?'라는 해석을 덧씌우는 것은 감정이 현실을 앞서가는 순간이다. 관점을 전환하는 사람들은 이런 감정적 신호를 비교적 빨리 포착하며 '지금 내가 과하게 받아들이고 있는 건 아닐까?'라는 질문을 통해 해석의 방향을 조정한다. 이는 감정을 억누르려는 것이 아니라 감정이 정보를 왜곡하는 순간을 알아차리고 잠시 거리를 두려는 선택이다. 감정을 알아차릴 수 있다는 것은 해석에 여지를 남기는 힘이며 이 여지가 마음의 무게를 줄여준다.

질문을 바꿔 시선을 넓힌다

문제 앞에서 대부분의 사람들은 '왜 이런 일이 일어났지?'라고 묻지만 관점을 전환하는 사람들은 '이 상황을 다른 시선으로 보면 어떤 의미일까?'라는 질문을 던진다. 예를 들어 프로젝트가 예상대로 진행되지 않을 때 '내가 뭘 잘못했지?'라고 한정된 질문을 던지면 책임과 실수에만 집중되지만 '지금 이 상황에서 새롭게 보이는 점은 무엇일까?'라고 묻는 순간 정보가 달라지고 생각의 방향도 바뀐다. 질문 하나가 시야를 재구성하는 데 결정적인 역할을 하며 이런 질문의 변화가 관점 이동의 출발점이 된다. 관점을 전환하는 사람들일수록 답을 찾는 데 급하지 않고 먼저 묻는 방식을 바꾸어 생각의 흐름을 유연하게 만든다.

사실과 해석을 분리한다

일상에서 벌어지는 대부분의 갈등이나 오해는 사실보다 해석 때문에 커지는 경우가 많다. 예를 들어 상대가 잠깐 무표정해 보였던 사실은 그대로지만 '나에게 화난 게 아닐까?'라는 해석이 덧붙는 순간 감정은 불필요하게 무거워진다. 관점을 전환하는 사람들은 '팩트는 무엇이고, 나의 해석은 무엇인지'를 자연스럽게 구분한다. 이를테면 자신에게 일어난 일을 돌아볼 때 '사실은 이랬고, 내가 해석한 건 이랬다'라고 스스로 정리해보며 불필요한 의미 부여를 줄인다. 사실과 해석을 분리하는 습관은 감정의 크기를 조절하는 데 매우 유용하고 마음을 객관화하는 가장 쉬운 방식이기도 하다.

생각의 속도를 조절한다

감정이 격해진 순간에는 해석이 빠르게 단정되고 걱정이 연쇄적으로 이어지며 생각이 너무 빠르게 흘러가 문제를 더 크게 만들지만 관점을 바꾸는 사람들은 이런 순간에 스스로 속도를 늦추는 힘을 갖고 있다. 예를 들어 중요한 메시지를 받고 순간적으로 불안해져도 바로 결론을 내리지 않고 '조금만 기다려보자'라고 스스로를 다독이는 방식이다. 속도를 조절하는 것은 판단을 유보한다는 뜻이며 판단을 미루는 짧은 틈이 관점 이동의 공간이 된다. 이 짧은 여유가 감정의 파도를 진정시키고 문제를 더 안정적으로 직시할 수 있도록 돕는다.

시야를 한곳에 고정하지 않는다

예를 들어 누군가의 행동이 이해되지 않을 때 한 가지 해석만 붙잡고 있으면 감정은 더 복잡해지고 갈등은 깊어지지만 시야를 옆으로 넓히면 상황이 전혀 다른 모습으로 보이기 시작한다. 관점을 전환하는 사람들은 '이렇게도 볼 수 있고, 저렇게도 볼 수 있다'는 마음의 구조를 지니고 있으며 이는 우유부단함이 아니라 삶을 덜 고단하게 만드는 사고 방식이다. 시야를 넓히면 해석의 가능성이 늘어나고 가능성이 늘어나면 감정의 충격은 자연스럽게 줄어든다. 이들은 문제의 정답을 찾으려 하기보다 문제의 풍경을 넓혀 다른 해석의 여지를 발견하는 데 더 능숙하다.

관점 전환이 마음에 여유를 만든다

일상에서 관점을 전환하는 힘은 특별한 기술이 아니라 사소한 순간마다 적용되는 생각의 태도다. 맥락을 먼저 살피고, 감정의 개입을 알아차리고, 질문을 바꾸고, 사실과 해석을 분리하고, 속도를 조절하고, 시야를 넓히는 작은 습관들이 모이면 마음은 훨씬 흔들림이 줄어들고 상황을 더 부드럽게 받아들일 수 있게 된다. 어떤 사람은 어려움을 빠르게 회복하고 어떤 사람은 오래 끌어안는 이유는 이런 사고 습관의 차이인 경우가 많다. 관점을 전환하는 사람들의 사고방식은 문제를 가볍게 만드는 마법이 아니라 문제를 제대로 볼 수 있게 하는 마음의 구조를 만들어주며 이를 꾸준히 반복하다 보면 삶의 많은 순간들이 더 다정하게 느껴지고 흔들림 속에서도 다시 균형을 찾는 힘을 자연스럽게 얻게 된다.

흔들리지 않는
내면을 만드는 철학

01
감정은 조절이 아니라 이해에서 시작된다

누군가의 말 한마디가 마음에 오래 남아 괜히 서운함이 밀려오거나 별 의도가 없었을 행동이 유난히 예민하게 느껴지는 순간이 있다. 그 자리에서는 분명 크게 느껴졌던 감정이 시간이 지나면 왜 그토록 깊게 스며들었는지 스스로도 설명하기 어려울 때가 있다. 많은 사람들은 이런 감정을 '괜히 예민한 거겠지'라고 넘기거나 '신경 쓰지 말아야지'라고 다짐하지만 감정은 조용히 밀어낸다고 해서 사라지지 않고 오히려 이유를 찾지 못할 때 더 강하게 우리를 흔들곤 한다. 감정이란 원래 알 수 없는 방향으로 흘러가며 우리의 상태를 알려주는 신호에 가깝기 때문에 조절하려 하기보다 왜 이런 감정이 찾아왔는지를 이해하려는 태도가 마음을 훨씬 안정된 방향으로 이끌어준다.

◆◆◆

감정이 쉽게 흔들리는 이유는 우리의 마음이 하루 동안 수많은 자극을 마주하기 때문이다. 누군가의 표정, 말투, 일정의 변화, 생각지 못한 피로감 같은 작은 요소들이 모두 마음속 어딘가에 쌓이면서 감정의 파도를 만든다. 이를 단순한 기분 변동으로만 보려 하면 우리는 그 파도를 억누르기 바쁘고 억누르는 과정에서 더 큰 긴장이 생긴다. 예를 들어 직장에서 조금 불편한 순간을 겪었는데 '별일 아니야'라고 말하며 그냥 지나친 뒤 집에 와서 갑자기 사소한 일에 크게 짜증이 나는 경우가 그렇다. 표면적으로는 아무렇지 않게 넘어간 것처럼 보이지만 마음은 그 순간의 불편함을 기억하고 있었고, 이를 설명하지 않은 채 덮어두니 다른 자리에서 터져 나온 것이다. 감정을 이해한다는 건 이처럼 겉으로 드러난 반응만 보는 것이 아니라 그 밑에서 천천히 자라던 감정의 뿌리를 살펴보는 과정이다.

감정을 이해하는 데 중요한 것은 '왜 이런 기분이 들지?'라는 가벼운 질문 하나다. 이는 감정을 분석하자는 뜻이 아니라 감정이 가진 방향을 느껴보는 일에 가깝다. 예를 들어 누군가의 말투가 유난히 신경 쓰였다면 그 말 자체보다 그 순간의 내 상태가 어땠는지를 먼저 살펴보는 것이 도움이 된다. 혹시 이미 마음에 여유가 없었던 건 아닌지, 그날따라 피로가 누적되어 작은 자극도 크게 느껴졌던 건 아닌지 생각해보면 감정이 생긴 이유가 점차 드러난다. 이런 방식으로 감정을 바라보면 감정이 '나를 흔드는 힘'에서 '나에게 신호를 주는 힘'으로 변하게 되고 이 과정에서 마음은 불필요한 긴장감에서 조금씩 해방된다. 감정은 언제나 우리에게 무언가를 알려주고 그 메시지를 이해하기만 해도 감정의 파도는 한층 잔잔해진다.

감정을 억누르려는 태도가 오히려 더 큰 혼란을 낳는 경우도 많다.

흔히 우리는 부정적인 감정이 떠오르면 빨리 끊어내고 싶어지며 앞서 나아가기 위해 감정을 뒤로 밀어두려 하지만 밀어둘수록 감정은 모양을 바꿔 나타난다. 예를 들어 누적된 스트레스를 제대로 살펴보지 않은 채 계속 참고 있으면 어느 날 갑자기 작은 실수에도 크게 흔들리거나 관계에서 불필요하게 예민해지는 현상이 나타난다. 이는 감정이 사라지지 않았음을 보여주는 대표적인 예시다. 감정을 이해한다는 건 '이 감정이 왜 생겼을까?'를 묻고 스스로에게 적당한 공간을 만들어주는 일이기 때문에 감정을 억누르는 것보다 훨씬 효율적으로 마음을 안정시킨다. 감정도 사람처럼 다루어야 한다는 말이 괜히 나온 것이 아니라 감정이 원하는 것은 무시가 아니라 이해이기 때문이다.

감정을 이해하는 태도는 결국 마음의 균형을 되찾는 과정과 이어진다. 감정은 마음의 상태를 알려주는 일종의 신호이기 때문에 이를 조절하려 한다고 해서 바로 방향이 바뀌지 않지만 이해하려는 순간 긴장이 풀리며 마음은 자연스럽게 제자리로 돌아갈 수 있는 힘을 되찾는다. 이는 감정을 분석적으로 바라보라는 뜻이 아니라 마음이 흔들릴 때 그 흔들림의 근원을 부드럽게 확인해보는 태도를 말한다. 예를 들어 '지금 내가 이렇게 불안한 이유는 뭘까?'라고 스스로에게 묻는 것만으로도 감정이 구체적인 형태를 띠며 혼란스러운 덩어리에서 다루기 쉬운 감정으로 바뀐다. 이 변화는 억누르는 데서 나오는 것이 아니라 이해를 통해 감정의 흐름을 자연스럽게 받아들이는 과정에서 일어난다.

◆◆◆

감정은 설명되지 않을 때 더 크게 느껴지고 이해될 때 훨씬 부드럽게 흐른다. 감정이 생기는 것은 인간이라면 누구나 겪는 자연스러운 현상이고 감정의 움직임에는 그만한 이유가 있다. 스스로의 감정을 이해하는 습관을 들이면 감정이 마음을 통제하는 것이 아니라 마음이 감정을 다루는 구조가 만들어지고 이 구조는 시간이 지날수록 흔들림이 줄어들며 내면은 점점 안정된다. 감정을 조절하는 것이 목표가 아니라 감정을 이해하는 것이 출발점이라는 사실을 받아들이는 순간 우리는 감정과 싸우지 않게 되고 마음은 더 깊고 넓은 공간에서 스스로 회복할 수 있는 힘을 얻게 된다. 이 힘은 하루하루 조금씩 쌓이며 어떤 상황에서도 자신을 지켜주는 내면의 중심이 되어준다.

마음이 쉽게 지치는 이유를 알아본다

작은 일에도 유난히 피로가 몰려오고 별일 없이 지나간 하루인데도 마음이 이유 없이 무겁게 느껴지는 순간이 있다. 누군가의 말투가 생각보다 오래 걸리적거리거나 단순한 선택 하나에도 머리가 복잡해질 때 우리는 종종 '왜 이렇게 쉽게 지칠까?'하고 스스로에게 되묻게 된다. 하지만 마음이 지친다는 것은 의지가 약해서도, 멘탈이 약해서도 아니라 마음이 하루 종일 다양한 자극을 받아내며 계속해서 에너지를 소모한 결과다. 마음이 지친다는 건 고장이 난 것이 아니라 '잠시 쉬어야 한다'는 신호로 볼 수 있고 이 신호를 이해하는 것만으로도 지친 마음이 조금씩 회복할 공간이 만들어진다.

마음이 쉽게 지치는 이유 중 하나는 우리가 생각보다 훨씬 많은 선택과 판단을 반복하며 하루를 보내기 때문이다. 어떤 옷을 입을지, 무슨 말을 할지, 상대의 표정을 어떻게 해석할지, 내가 한 행동이 적절했는지와 같은 작고 사소한 판단들이 끊임없이 이어지면서 마음의 에너지는 조금씩 줄어든다. 예를 들어 직장에서 중요한 결정보다 동료들의 미묘한 분위기를 살피는 데 더 지치고 집에 돌아와서는 아무 말 없이 혼자 있고 싶어지는 날이 그렇다. 마음은 단단해 보이지만 사실 누적되는 자극에 매우 섬세하게 반응하며 이런 자극들이 쌓이면 이유를 설명하지 않아도 '그냥 피곤한 날'이 되어버린다. 이를 의지 부족으로 오해하면 마음은 더 무거워지지만 '내가 오늘 많은 판단을 했구나'라고 이해하면 지침조차 자연스럽게 받아들일 수 있게 된다.

마음이 지치는 또 다른 이유는 감정을 억누르는 데 쓰이는 에너지가 생각보다 크기 때문이다. 우리는 마음속에서 일어나는 감정들을 너무 자주 '괜찮아야 해', '신경 쓰지 말자'라고 눌러 담는데 감정은 억눌릴수록 마음 안에서 움직임을 멈추지 않는다. 누군가의 말에 서운했는데 '이 정도는 넘어가야지'라고 스스로를 다독이며 감정을 밀어낼수록 그 감정은 형태를 바꿔 피로감이나 무기력함으로 나타날 수 있다. 감정을 해결하지 않은 채 덮어두는 일은 마치 작은 파도를 계속 밀어내려다가 점점 큰 물결에 휩싸이는 것처럼 마음의 에너지를 많이 소모하게 만든다. 지쳤다는 것은 감정이 지나간 자리를 마음이 충분히 정리하지 못했다는 신호이며 이 신호를 무시할수록 피로는 더 깊어질 뿐이다.

관계에서도 마음의 지침은 쉽게 누적된다. 사람과의 관계는 따뜻하고 즐겁기도 하지만 그만큼 에너지를 요구하는 순간이 많다. 누군가의 기분을 신경 쓰고, 말의 뉘앙스를 살피고, 불편하지 않도록 조심하는 일들이 계속 반복되면 마음은 자연스럽게 피로를 느낀다. 특히 친한 사람일수록 상대의 말 한마디에 조금 더 예민해지고 오해가 생기면 마음이 훨씬 크게 흔들리기 때문에 마음의 에너지는 더 빠르게 소모된다. 관계에서의 작은 긴장들이 눈에 보이지 않게 쌓이면서 어느 날 갑자기 무기력함이나 감정적 소모가 크게 느껴지는 것이다. 이런 피로는 누군가가 잘못해서 생긴 문제가 아니라 마음이 사람을 신경 쓰는 데 사용하는 섬세한 에너지의 자연스러운 결과다.

마음이 쉽게 지치는 이유를 이해하려면 마음을 단순한 '기억 저장소'가 아니라 하루 동안의 경험을 계속 소화하는 하나의 '근육'처럼 바라보는 것이 도움이 된다. 몸의 근육이 반복된 움직임과 과한 긴장을 견디지 못하면 아프듯이 마음도 과도한 자극, 해석, 억눌린 감정들로 인해 쉽게 피로해지는 것이다. 예를 들어 물리적으로 힘든 일을 하지 않았는데도 하루가 끝나면 머리가 무겁고 아무것도 하기 싫어지는 이유는 마음이 계속 주변을 관찰하고 해석하고 반응하느라 쉴 틈이 없었기 때문이다. 마음에게 필요한 건 '더 강해지는 것'이 아니라 '쉬는 공간'을 마련해주는 것이고 이 공간이 마련될 때 마음은 다시 제 속도를 되찾는다.

마음이 왜 쉽게 지치는지를 이해하는 순간 우리는 지침을 문제로 보지 않고 자연스러운 흐름으로 받아들일 수 있게 된다. 지친 마음을 억지로 다잡거나 밀어내려 하기보다 '내 마음이 오늘 참 많은 것을 버텼구나'라고 인정해주는 태도는 마음의 회복력을 크게 높인다. 마음은 이해받을 때 비로소 열리고 긴장을 풀기 시작하며 이런 풀림이 내면의 흔들림을 줄이는 가장 중요한 기반이 된다. 마음은 본래 아주 섬세한 구조를 가지고 있어 작은 변화에도 민감하게 반응하지만 동시에 이해받을 때 가장 빠르게 회복되는 성질도 가지고 있다. 지침을 이해하는 것은 스스로를 다그치는 방식을 멈추고 마음이 자연스럽게 회복할 수 있는 길을 열어주는 일이자 흔들리지 않는 내면을 만드는 첫걸음이 된다.

03
불안과 걱정이 커지는 구조 이해하기

평소처럼 지내던 순간에도 설명하기 어려운 불안이 마음을 스치고 지나갈 때가 있다. 별다른 일이 없었는데도 갑자기 가슴이 답답해지거나 앞으로 일어날 일을 미리 걱정하게 되는 순간, 우리는 왜 이런 감정이 생기는지 스스로도 이해하지 못해 더 불편해지곤 한다. 사실 불안은 어느 날 갑자기 튀어나오는 감정이 아니라 마음 안에서 천천히 자라나는 작은 씨앗 같은 존재이며 그 씨앗이 어떤 환경에서 커지는지를 이해하면 불안 자체가 조금씩 가벼워진다. 불안은 조절하려 하면 더 커지지만 이해하려 들면 서서히 힘을 잃고 자연스럽게 안정되는 특징을 가지고 있다.

◆◆◆

불안이 커지는 첫 번째 이유는 마음이 '빈칸을 싫어한다'는 특성 때문이다. 사람의 마음은 정보가 부족한 상황을 만나면 그 빈칸을 가만히 두지 못하고 스스로 상상으로 채우려 하는 경향이 있다. 예를 들어 상사가 갑자기 표정이 굳어 보이면 우리가 잘못한 것이 있는지, 혹은 앞으로 문제가 생길지 먼저 떠올리게 되는 것처럼 마음은 확실하지 않은 상황에서 가장 나쁜 가능성을 먼저 가져오는 경우가 많다. 마음이 이렇게 반응하는 이유는 위험을 피하려는 자연스러운 본능에서 비롯된 것이고 이를 이해하면 불안을 나의 성격 탓으로 돌리지 않고 마음의 구조가 만들어낸 반응으로 바라볼 수 있게 된다. 불안은 막연함이 커질수록 자라고 정보가 명확해질수록 줄어드는 감정이라는 점을 기억하면 마음이 조금씩 안정될 수 있다.

불안이 커지는 두 번째 이유는 걱정이 마음속에서 서로 연결되며 커지는 방식에 있다. 하나의 작은 걱정이 떠오르면 그와 관련된 다른 걱정이 이어지고 그 연결이 반복되면서 마음속에는 점점 더 큰 불안의 덩어리가 만들어진다. 예를 들어 내일 있을 발표가 걱정되기 시작하면 '발표를 망치면 어떡하지'라는 생각이 이어지고, 그다음에는 '평가가 나빠지면 어떡하지', '앞으로 기회가 줄어들면 어떡하지' 같은 걱정들이 꼬리를 물고 따라붙는다. 처음의 작은 걱정은 실제보다 훨씬 커진 상태로 마음에 남게 되고 결국 실제 상황보다 한참 앞서 불안을 느끼는 자신을 발견하게 된다. 이런 구조를 알면 생각이 커지는 순간 '지금 내가 이어붙인 걱정은 사실이 아닐 수 있구나'하고 한 번 멈출 수 있게 된다.

불안이 깊어지는 세 번째 이유는 감정이 혼자 더 자라나는 공간을 만들기 때문이다. 우리가 걱정을 말하지 않고 마음속에 혼자 담아두면 생각은 점점 더 왜곡되고 현실보다 크게 느껴진다. 누군가에게 이야기하면 별일 아닐 수 있는 문제가 홀로 있을 때는 훨씬 더 심각하게 다가오는 이유가 여기에 있다. 예를 들어 건강이 걱정돼 검색을 시작하면 조금 불편했던 증상도 큰 질병처럼 느껴지고 결국 그 불안이 실제보다 훨씬 크게 커져 버리는 것을 경험한 적이 있을 것이다. 마음은 혼자 있을 때 상상력의 영향을 더 크게 받기 때문에 혼자만의 결론을 만들기 전에 '이 생각이 진짜 사실일까?'라는 질문을 던지는 것만으로도 불안이 자라는 속도를 늦출 수 있다.

또한 불안은 '통제할 수 없는 것'을 통제하려 할 때 더 커진다. 미래가 어떻게 될지, 남의 마음이 어떤지, 나에게 닥칠지 모르는 일을 완벽히 예측하려고 하면 할수록 마음은 더 긴장하고 불안은 쉽게 늘어난다. 사람은 미래를 정확히 알 수 없지만 마음은 그 불확실함을 견디지 못해 자꾸 예측하려 들고 그 과정에서 에너지를 소모하며 지치게 된다. 예를 들어 중요한 결과를 기다리는 중일 때 아무리 생각해도 바꿀 수 없는 상황인데도 마음이 계속 불안해지는 것은 그 결과를 통제할 수 없기 때문이다. 이 구조를 이해하면 불안을 줄이는 가장 확실한 방법이 '모든 것을 통제하려 하지 않는 것'이라는 사실을 자연스럽게 받아들일 수 있게 된다.

불안과 걱정이 커지는 또 다른 이유는 마음이 '최악의 상황을 먼저 떠올리는' 경향을 갖고 있기 때문이다. 이는 위험을 피하기 위한 자연스러운 반응이지만 오늘날처럼 정보가 넘치는 환경에서는 오히려 불안을 키우는 요인이 된다. 작은 뉴스 기사나 주변의 말을 듣고도 마음이 과하게 반응하는 이유는 우리 마음이 안전을 우선하는 방식으로 설계되어 있기 때문이다. 그러나 이 구조를 이해하면 불안이 찾아왔을 때 그것을 '내 마음이 나를 지키려고 반응하는 자연스러운 과정'으로 바라볼 수 있고 이런 이해는 불안을 다루는 데 큰 힘이 된다. 불안은 적이 아니라 안내자처럼 다가올 수 있는 감정이며 그 존재를 받아들이는 것이 내면을 단단하게 만드는 중요한 과정이 된다.

　불안과 걱정이 커지는 구조를 이해하면 우리는 더 이상 불안을 두려운 감정으로만 바라보지 않고 마음이 보내는 신호로 해석할 수 있게 된다. 불안을 없애려 하기보다 '내 마음이 지금 무엇을 두려워하고 무엇을 모호하게 느끼는지'를 알아차리는 태도는 불안이 더 커지는 것을 막아주며 마음이 안정될 수 있는 여유를 만들어준다. 불안은 잘못된 것이 아니라 우리를 보호하기 위한 감정이며 그것이 커지는 구조를 이해할수록 우리는 흔들리지 않는 내면을 만들어갈 수 있다. 마음은 이해받을 때 비로소 긴장을 풀고 안정되는 성질을 가지며 이 부드러운 이해가 불안 속에서도 나를 지켜주는 가장 든든한 힘이 된다.

04
중심을 잃을 때 다시 서는 방법

하루가 조용히 흘러가던 중에도 문득 마음이 흔들리며 중심을 잃었다고 느껴지는 때가 있다. 잘하던 일에서 실수를 하거나 예상하지 못한 말에 마음이 크게 흔들리고 갑자기 자신감이 사라지는 순간이 찾아오면 스스로가 낯설게 느껴지기도 한다. 이런 순간에는 '왜 이렇게 약해졌지'라는 생각이 앞서지만 중심을 잃는 경험은 누구에게나 자연스럽게 일어나는 마음의 현상이며 잘못된 것이 아니라 마음이 잠시 균형을 잃었을 뿐이라는 신호에 가깝다. 중심을 잃었다는 느낌은 마음이 다시 서야 할 곳을 찾고 있다는 뜻이며 이 신호를 이해하는 것만으로도 다시 안정된 자리를 향해 나아갈 수 있는 힘이 생긴다.

◆◆◆

마음이 흔들리는 첫 번째 이유는 우리가 감당하는 일상의 무게가 생각보다 크기 때문이다. 반복되는 일정 속에서 작은 압박과 기대가 쌓이고 관계에서 오는 긴장까지 겹치면서 마음은 어느 순간 스스로도 알아차리지 못한 상태로 흔들리기 시작한다. 예를 들어 평소에는 아무렇지 않게 넘기던 말도 여유가 없을 때는 유난히 크게 들리고 사소한 실수조차 자신을 크게 비난하는 계기가 되기도 한다. 중심을 잃었다고 느끼는 순간은 사실 마음이 오래도록 쌓아온 부담을 견디지 못해 잠시 내려놓는 과정이며 이 작용은 마음이 다쳤다는 뜻이 아니라 쉬어야 한다는 자연스러운 움직임이다. 마음의 무게를 인정하는 태도는 다시 중심을 세우는 데 꼭 필요한 출발점이 된다.

중심을 잃을 때 다시 서는 데 도움이 되는 가장 기본적인 방법은 마음이 흔들린 원인을 억지로 찾으려 하지 않고 '지금 흔들리고 있다'는 사실을 부드럽게 받아들이는 것이다. 흔들림 자체를 부정하려 하면 마음은 더 긴장하고 불안은 깊어진다. 예를 들어 일이 잘 안 풀려 갑자기 의욕이 사라졌을 때 스스로를 다그치면 더 무거워지고, '오늘은 마음의 균형이 조금 무너졌구나'라고 가볍게 인정하면 마음은 서서히 안정된 리듬을 되찾는다. 이는 문제를 회피하는 것이 아니라 흔들리는 마음을 억누르지 않고 자연스러운 흐름으로 바라보는 태도로 그 순간의 감정을 있는 그대로 받아들일 때 마음은 스스로 제자리를 찾을 힘을 준비하기 시작한다.

또한 중심을 다시 세우기 위해서는 지금 마음을 흔들고 있는 생각의 흐름을 천천히 들여다보는 것이 도움이 된다. 마음이 흔들리는 순간에는 거의 항상 과장된 해석이나 불필요한 걱정이 함께 자리하고 있는데 이런 생각들이 자신을 더 불안하게 만들고 있다는 사실을 깨닫는 것만으로도 마음은 안정된다. 예를 들어 실수 하나가 앞으로의 모든 가능성을 좌우할 것처럼 느껴지거나 누군가의 말 한마디가 관계 전체를 위협하는 것처럼 받아들여지는 경우가 있다. 그러나 차분히 바라보면 그 해석은 사실보다 훨씬 크게 부풀려진 마음의 반응일 때가 많다. 과장된 해석을 '지금 내 마음이 흔들려서 더 크게 느껴지고 있구나'라고 알아차리는 순간 마음은 다시 균형을 찾기 위한 여유를 갖게 된다.

중심을 잃었을 때 우리가 쉽게 놓치는 또 하나의 요소는 '지금 당장 해결하려는 습관'이다. 마음이 흔들릴 때 대부분은 빨리 회복하고 싶은 마음에 원인을 분석하거나 해결책을 찾으려 하지만 마음은 억지로 방향을 잡으려 할수록 더 깊은 혼란에 빠진다. 이럴 때 필요한 것은 해결이 아니라 잠시 멈추는 것이다. 잠깐 산책을 하거나 조용히 숨을 고르는 것만으로도 마음은 혼란을 줄이고 스스로 회복할 공간을 마련한다. 문제를 해결해야 중심을 찾는다기보다 마음이 스스로 회복할 시간과 여유를 갖게 될 때 중심은 다시 자연스럽게 자리 잡는다. 마음은 강한 자극보다 부드러운 멈춤에서 더 큰 힘을 되찾는다.

관계에서도 중심을 잃을 때가 많은데 이런 순간에는 내 마음의 기준이 흔들리고 있음을 알아차리는 것이 중요하다. 나를 향한 타인의 반응 하나에 지나치게 흔들릴 때는 상대의 행동보다 그 순간의 내 마음 상태가 더 큰 영향을 미치고 있다는 사실을 떠올려보면 좋다. 예를 들어 누군가의 무심한 말에 불필요하게 마음이 크게 흔들렸다면 그 말 자체보다 이미 지쳐 있던 마음이 흔들린 것일 가능성이 높다. 관계에서 중심을 잃지 않는다는 것은 상대에게 흔들리지 않는다는 뜻이 아니라 나의 기준을 부드럽게 다시 세우는 과정이며 이 기준은 '내가 지금 무엇을 느끼는지'에서부터 시작된다. 감정의 흐름을 정확히 이해할수록 관계에서의 중심도 자연스럽게 안정된다.

◆◆◆

결국 중심을 잃었다는 감각은 마음이 나에게 보내는 작은 신호일 뿐이며 이 신호를 억누르거나 밀어내기보다 부드럽게 들여다보는 태도가 마음을 다시 일으켜 세운다. 마음이 흔들릴 때 필요한 것은 강한 의지가 아니라 마음이 흔들려도 괜찮다는 이해이고 그 이해가 마음의 긴장을 풀어주며 다시 중심을 찾을 힘을 키워준다. 흔들린 마음을 스스로 자책하지 않고 자연스러운 변화로 받아들이기 시작하면 마음은 조금씩 회복의 리듬을 되찾고 다시 단단한 중심을 향해 나아갈 수 있다. 중심을 잃는 경험은 누구에게나 찾아오는 과정이며 이 과정을 이해하는 순간 우리는 흔들림 속에서도 스스로를 부드럽게 붙잡을 수 있는 내면의 힘을 갖게 된다.

05
내면의 힘은 천천히 자라는 기술이다

마음이 조용히 흔들리는 순간은 예고 없이 찾아오고 아무 일도 없던 하루에도 갑자기 한숨이 깊어지거나 이유 없이 가슴이 조여오는 때가 있어 이런 순간을 겪을 때 우리는 스스로를 탓하거나 '나는 왜 이렇게 쉽게 흔들리지'하고 불안해하지만 사실 이런 경험은 누구에게나 있고 다만 어떤 사람은 흔들림을 다루는 방식이 조금 더 익숙할 뿐이다. 내면의 힘은 타고나는 성질이 아니라 오랜 시간 동안 아주 작은 감정의 파동을 수없이 지나오며 조금씩 다져지는 기술에 가깝고 이 기술은 조급함과 비교 속에서는 자라지 않으며 오히려 서서히 자신만의 속도로 성장한다. 그래서 내면의 힘을 기른다는 것은 흔들리지 않는 사람이 되는 것이 아니라 흔들리는 순간을 이상하게 여기지 않고 그 시간을 자연스럽게 받아들이는 사람이 되는 과정이다.

◆ ◆ ◆

우리가 마음이 약해졌다고 느끼는 시점은 대개 일이 잘 풀리지 않거나 가까운 사람과의 관계에서 미묘한 감정의 변화를 겪을 때인데 예전 같으면 크게 흔들렸을 상황에서 지금은 조금 더 빠르게 균형을 되찾는 자신을 발견할 때가 있다면 그것이 바로 내면이 자라고 있다는 명확한 증거다. 마음의 힘은 단단함보다는 회복의 속도에 가깝고 회복은 반복적인 경험을 통해 점점 익숙해지는 움직임이기 때문에 처음에는 시간이 오래 걸렸던 생각 정리나 감정 정리가 어느 순간 빠르게 이루어지는 것을 보면 마음도 몸처럼 '기억하고 성장하는 구조'를 갖고 있다는 것을 느끼게 된다. 예전에는 작은 말 한마디에도 하루 종일 마음이 무거웠다면 이제는 짧은 산책만으로도 다시 평온을 찾을 수 있는 변화가 찾아오고 그 변화 속에서 우리는 마음의 근육이 조금씩 자라는 모습을 확인하게 된다.

내면의 힘이 천천히 자라는 또 하나의 이유는 우리가 스스로를 바라보는 시선이 시간이 지나며 조금씩 부드러워지기 때문이다. 사람은 누구나 실수를 하고 감정이 흔들릴 때가 있지만 자신에게 엄격한 사람일수록 그 흔들림을 실패처럼 여겨 스스로를 더 힘들게 만들고 반대로 자신을 관찰하듯 바라보는 사람은 감정의 흐름을 억누르기보다 '지금은 조금 지쳤구나'하고 인정하며 마음속에 여유 공간을 만들어낸다. 이 공간이 생기면 판단이 서두르지 않고 감정이 갑자기 커지지 않기 때문에 그 안에서 우리는 감정을 객관적으로 바라보는 능력을 얻게 되고 이 능력은 감정이 올라오는 순간 마음을 지켜주는 방패처럼 작동한다. 내면의 힘은 이렇게 감정을 대하는 태도의 변화에서 크게 자라며 이 변화는 시간이 들지만 그만큼 오래 지속되는 힘으로 남는다.

 일상 속 작은 루틴 역시 내면의 성장을 돕는 중요한 요소인데 많은 사람들이 마음이 약해지는 이유를 자신의 성격 때문이라고 생각하지만 실제로는 일상에 회복을 위한 '틈'이 부족해서 더 쉽게 흔들릴 때가 많다. 예를 들어 아침부터 저녁까지 쉬지 않고 일을 하거나 생각을 멈추지 못한 하루를 보내면 작은 자극에도 예민하게 반응하고 평소보다 감정의 파도가 세게 다가오는데 잠깐 창문을 열어 환기를 하거나 앉아서 조용히 물 한 잔을 마시고 책상 위를 정리하는 간단한 행동만으로도 마음은 잠시 멈춰서 숨을 고를 수 있다. 이런 행동들이 반복될 때 마음은 흔들림에서 빠르게 돌아오는 루틴을 스스로 만들어 가고 이 루틴이 쌓이면 감정의 폭도 자연스럽게 줄어들어 한층 더 안정된 상태를 유지할 수 있게 된다. 결국 내면의 힘을 만든다는 것은 거창한 결심보다 일상 속 회복의 사이클을 정착시키는 과정이다.

 그리고 내면의 힘은 '현실을 바라보는 방식'이 바뀔 때 더 크게 자란다. 마음이 약해지는 순간 우리는 '왜 나만 이런가'라는 생각에 갇혀 스스로를 외롭게 만들곤 하는데 관점을 조금만 바꾸면 그 순간조차 마음의 성장에 필요한 재료가 되고 한 걸음 더 나아갈 수 있는 방향을 만들어준다. 예를 들어 누군가의 말 때문에 마음이 흔들릴 때 이전에는 '저 사람 때문에 상처받았어'라고만 생각했다면 이제는 '내가 왜 저 말에 유독 민감하게 반응했지'라고 스스로에게 묻는 시점이 오고 이 질문은 마음의 구조를 조금 더 깊이 이해하는 계기가 된다. 마음을 대하는 태도가 바뀌면 세상과 사람을 바라보는 시선도 자연스럽게 달라지고 이 변화는 감정의 파고를 줄이며 마음을 보호하는 또 하나의 힘이 된다.

내면의 힘은 관계 속에서 특히 느리게, 그러나 단단하게 자란다. 가까운 사람에게 서운함이 생기거나 오해가 쌓였을 때 예전에는 감정에 휘둘려 감정적으로 반응했다면 이제는 잠시 시간을 두고 차분히 상황을 들여다볼 수 있는 여유가 생기기도 한다. 이는 관계에서 느끼는 감정이 단순한 불편함이 아니라 서로를 이해하기 위한 신호라는 것을 서서히 깨달으며 마음이 관계를 해석하는 방식을 바꿨기 때문이다. 이 여유는 갈등을 피하기 위한 태도가 아니라 흔들리는 감정을 곧바로 결정으로 이어가지 않도록 지켜주는 힘이며 이 힘은 필요한 순간마다 작은 선택을 더 부드럽게 만들어 준다. 관계는 우리의 감정을 빠르게 흔들지만 동시에 가장 큰 성장을 이루는 공간이기도 하다.

내면의 힘이 천천히 자라는 기술이라는 사실을 이해하면 마음이 흔들리는 순간조차 두려움보다는 배움으로 바라보게 되고 흔들림을 있는 그대로 인정할 수 있는 여유도 생긴다. 지금 당장은 불안하고 마음이 잡히지 않는 순간처럼 보여도 마음은 원래 제자리로 돌아오는 힘을 가지고 있고 그 힘은 우리가 스스로를 대하는 태도와 일상 속 작은 선택들 속에서 조금씩 강화된다. 내면의 힘은 결코 단번에 완성되지 않지만 시간이 흐를수록 더 깊고 견고한 방식으로 우리를 지탱해 주며 그 과정 전체가 바로 자신을 이해해가는 가장 사적인 성장의 기록이 된다.

◆◆◆

그래서 마음의 힘을 키워가는 과정은 누군가에게 보여주기 위한 성장이 아니라 조용히 자신을 돌보며 하루의 감정과 생각을 천천히 정리해가는 개인적인 여정이며 이 여정에서 우리는 스스로를 예전보다 조금 더 이해하게 되고 작은 흔들림에도 금세 중심을 찾아오는 자신을 발견하게 된다. 흔들림이 사라지는 것이 아니라 흔들림 속에서도 방향을 잃지 않는 태도가 만들어지고 이 태도가 쌓일수록 마음의 속도는 조금 느려지고 호흡은 더 깊어지며 자신을 믿는 힘도 자연스럽게 자라난다. 결국 내면의 힘은 특별한 사람이 되기 위한 조건이 아니라 누구나 자기만의 속도로 배워갈 수 있는 삶의 기술이며 이 기술을 익혀가는 동안 마음은 조금씩 더 단단하고 따뜻한 자리를 만들어간다.

사람을 이해하는 철학적 시선

01

사람은 왜 이렇게 예측하기 어려울까

아침에 카페에 들렀을 때 주문받는 직원의 표정이 평소보다 조금 무뚝뚝하게 느껴지는 순간이 있다가도 잠시 뒤 계산을 하며 눈을 마주치면 따뜻한 미소를 건네는 것을 보고 금세 '아까는 기분이 안 좋았나 보다'라고 해석했다가도 '아니면 내가 너무 예민했던 걸까?'라는 생각이 스치며 마음이 혼란스러워지는 날이 있다. 누군가는 인사를 건네면 활짝 웃으며 받아주지만 다른 날에는 같은 말에도 시큰둥한 반응을 보이고 그 모습이 마치 다른 사람처럼 느껴지는 일이 생긴다. 가까운 친구와의 대화에서도 분명 같은 의도로 말했는데 어떤 날엔 웃으며 넘기고 어떤 날엔 괜히 서운해 하는 이유를 설명하기 어려워 마음이 복잡해진다. 이렇게 우리는 같은 사람을 바라보면서도 계속해서 다른 모습을 보고 다른 마음을 느끼고 다른 판단을 내리게 되는데 이 변화가 쌓일수록 사람을 이해하는 일은 정말 쉽지 않다고 생각하게 된다. 그렇다고 해서 상대가 변덕스럽기만 한 것도 아니고 내가 틀리기만 한 것도 아니어서 우리는 늘 사람을 바라보는 새로운 관점이 필요하다는 사실을 조금씩 깨닫게 된다.

예측이 어려운 마음의 층이 있다

사람은 단순히 기분 하나만으로 움직이지 않고 눈에 드러나는 감정 뒤에는 말로 표현되지 않은 생각과 그 아래에는 오래된 경험과 습관이 겹겹이 쌓여 있어 우리가 보는 순간의 모습만으로는 전체를 이해하기 어렵다. 친한 동료가 평소엔 밝다가도 어떤 날엔 조용해 보일 때 우리는 '기분이 안 좋은가 보다'라고 단정 짓지만 실제로는 전날 밤 잠을 잘 못 잤다거나 집에서 작은 일이 있었다거나 아니면 단순히 혼자만의 시간이 필요한 것일 수도 있어 겉으로 보이는 표정만으로는 진짜 이유를 알 수 없다. 우리가 누군가를 예측하려 할 때 겉으로 드러난 층만 받아들이면 그 안에 숨어 있는 깊은 감정이나 맥락을 놓치게 되고 그 순간부터 오해가 시작되는데 이는 사람이 복잡해서가 아니라 마음이 원래 그런 구조를 가지고 있기 때문이다. 그래서 우리는 상대의 즉각적인 반응만 보고 판단하기보다 그 뒤에 숨겨진 층을 함께 상상하는 태도가 필요하다는 것을 자연스럽게 배워가게 된다.

해석 기준이 달라 보이는 것이 다르다

가령 친구가 약속 시간에 늦었을 때 어떤 사람은 '바빴나 보다'라며 가볍게 넘어가고 어떤 사람은 '약속을 대수롭지 않게 생각했나'라는 마음이 들어 서운함을 느끼는데 이 차이는 상대의 행동이 달라서가 아니라 나의 해석 기준이 다르기 때문이다. 어떤 이는 상대의 행동을 '상황 중심'으로 받아들이고 다른 이는 '마음 중심'으로 해석하는 경향이 있어 똑같은 상황에서도 전혀 다른 결론에 도달하게 된다. 우리가 상대를 예측하기 어려운 이유는 바로 이 해석의 기준이 사람마다 다르기 때문인데 나에게 자연스러운 해석이 상대에게는 전혀 그렇지 않을 수 있어 서로가 서로를 오해하는 일은 아주 쉽게 일어난다. 특히 가까운 관계일수록 이 기준 차이는 더 강하게 드러나는데 '이 정도는 말 안 해도 알겠지'라는 기대가 마음속에 자리 잡고 있기 때문에 상대가 다르게 반응하면 배신감이나 서운함을 느끼게 된다. 하지만 이런 감정의 대부분은 진짜 갈등이라기보다 서로의 해석 기준이 다르다는 사실을 모르기 때문에 생겨나는 작은 마찰이라는 점을 알게 되면 사람을 바라보는 마음이 훨씬 부드러워진다.

감정의 흔들림이 사람을 복잡하게 만든다

어떤 날은 별일 아닌 일에도 쉽게 화가 나고 어떤 날은 큰일이 닥쳐도 차분하게 대응할 수 있는 것처럼 우리의 감정은 일정하게 움직이지 않고 그때그때 달라진다. 상대의 감정 또한 마찬가지라서 우리는 눈앞에 있는 사람의 감정보다 그날의 컨디션, 전해 들은 소식, 마음속에 쌓인 피로 같은 보이지 않는 요인들에 의해 크게 흔들린다. 그래서 상대가 어떤 감정 상태인지 정확히 알 수 없기 때문에 행동을 예측하기도 어려워지는데 이는 우리가 부족해서가 아니라 감정이라는 것이 원래 '흔들리는 것'이라는 성질을 가지고 있기 때문이다. 예를 들어 평소에 부드러운 사람이 어느 날 예민하게 반응한다고 해서 그 사람이 바뀐 것이 아니라 그날 감정의 결이 평소와 조금 달라졌을 뿐이라는 점을 이해하면 사람을 바라보는 시선이 훨씬 너그러워진다. 감정은 설명하기도 어렵고 스스로도 잘 모르고 지나갈 때가 많기 때문에 우리는 누군가의 감정만을 근거로 정답을 내리기보다 감정이 자연스럽게 흐를 수 있다는 여지를 마음속에 만들어둘 필요가 있다.

경험의 차이가 반응을 바꾼다

우리가 어떤 상황을 만났을 때 어떻게 반응할지는 과거의 경험에 크게 영향을 받게 마련인데 상대의 반응 또한 그 사람이 살아온 환경과 경험에 따라 달라진다. 같은 말을 들었을 때 어떤 사람은 웃으며 넘기지만 또 다른 사람은 상처로 받아들이는 이유는 그 말이 지금의 상황 때문이 아니라 과거의 기억과 연결되어 있기 때문이다. 이를테면 과거에 칭찬을 잘 받지 못했던 사람은 작은 인정에도 크게 기뻐하고 반대로 늘 비교를 당하며 자랐던 사람은 가벼운 말에도 마음이 불편해지는 일이 생긴다. 우리는 이런 개인의 경험을 눈으로 볼 수 없기 때문에 상대가 왜 그런 반응을 보였는지 정확히 알기 어렵고 그 결과 행동을 예측하는 일은 더 복잡해진다. 하지만 이 사실을 이해하는 순간 사람을 바라보는 태도는 훨씬 넓어지는데 상대가 보여주는 반응이 '그 사람 전체'가 아니라 '그 사람이 지나온 경험의 일부'임을 알게 되면 오해의 여지가 줄어들고 이해의 폭은 자연스럽게 커진다.

사람은 스스로도 자신의 마음을 모를 때가 많다

우리는 스스로 어떤 행동을 하는 이유를 정확히 알고 있다고 생각하지만 사실 많은 선택은 즉흥적이고 감정적이며 때로는 이유 없이 일어나기도 한다. 그래서 '왜 그렇게 말했냐'고 물으면 설명이 잘 되지 않는 순간이 생기고 때로는 '나도 왜 그랬는지 모르겠다'라는 말로 넘기게 된다. 상대 역시 자신이 어떤 마음에서 그런 행동을 했는지 정확히 모르는 경우가 많아 예측하려는 사람이 완벽한 해답을 얻기는 더욱 어렵다. 사람은 생각보다 일관적이지 않고 마음속 여러 감정과 욕구가 동시에 작동하기 때문에 겉으로 드러난 행동만으로 전체를 이해하려 하면 늘 부족함이 생긴다. 이 사실을 이해하면 누군가의 말이나 행동을 너무 정답처럼 받아들이지 않고 '이 사람도 지금 스스로의 마음을 정리하는 중일 수 있겠다'라는 여유가 생기며 사람을 예측하고 판단하는 일이 훨씬 부드러워진다.

예측이 어려움을 인정할 때 관계가 편안해진다

우리는 상대의 마음을 완벽히 이해해야만 좋은 관계가 유지될 것처럼 생각하지만 실제로는 '완벽한 이해'보다 '이해하려는 태도'가 훨씬 더 중요한 역할을 한다. 사람은 누구나 흔들리고 감정이 바뀌고 경험이 쌓이면서 조금씩 달라지기 때문에 예측이 어려운 존재라는 것을 받아들이면 상대를 바라보는 기대가 자연스럽게 낮아지고 실망도 줄어든다. 누군가가 예상과 다른 행동을 했을 때 '왜 저럴까?'라는 마음 대신 '이 사람에게 오늘은 어떤 일들이 있었을까?'라는 생각을 하게 되면 관계는 훨씬 부드럽게 흐르게 된다. 예측이 어려운 존재라는 사실을 인정하면 사람에게 더 많은 여유를 줄 수 있게 되고 오해를 줄이기 위한 대화도 자연스럽게 이어진다. 결국 사람을 이해한다는 것은 상대의 행동을 정답처럼 맞히는 일이 아니라 그 사람이 가진 여러 층의 마음을 함께 상상하고 그 여지를 존중하는 일이라는 점에서 관계의 부담을 크게 덜어주는 힘이 된다.

02
관계가 어려워지는 진짜 이유

관계가 어렵게 느껴지는 순간은 상대가 특별히 잘못한 것도 아닌데 마음이 괜히 무거워지고 말 한마디가 지나치게 크게 들리며 평소보다 더 예민해지는 때에 자연스럽게 찾아온다. 친한 사람과의 대화에서도 어떤 날은 같은 농담도 가볍게 받아들이지만 또 어떤 날은 그 말이 마음에 걸려 계속 떠올리고 혼자서 의미를 부풀리게 되는데 이 과정에서 실제 상황보다 감정이 먼저 커지면서 관계가 어렵다고 느끼게 된다. 나와 상대가 같은 장면 앞에 서 있지만 서로 바라보는 기준이 달라 작은 차이가 크게 느껴지고 그 차이가 계속 쌓일수록 서로를 이해하는 일이 점점 복잡해진다. 그래서 관계라는 것은 단순히 마음이 맞는 사람끼리 잘 지내는 일이 아니라 서로에게 다르게 쌓여 있는 생각과 감정의 결을 조금씩 알아가는 과정이라는 사실을 깨닫게 된다.

기대가 보이지 않게 작동한다

우리는 가까운 사람일수록 말하지 않아도 알아주기를 바라는 마음이 자연스럽게 생기는데 이 기대는 대부분 의식되지 않은 채 자리 잡아 있다가 상대가 예상과 다른 행동을 하는 순간 서운함으로 바뀌어 관계를 어렵게 만든다. 친구가 평소처럼 바로 답장을 하지 않는다고 해서 큰 문제가 있는 것은 아니지만 마음속에서는 '왜 오늘은 조금 다르지'라는 작은 의문이 생기고 이 의문은 곧 '혹시 나에게 신경을 덜 쓰는 건가'라는 해석으로 이어지며 혼자만의 생각이 덩치를 키운다. 상대는 아무 의도가 없어도 우리는 기대가 충족되지 않는 순간 마음이 민감하게 반응하게 되고 이런 반응이 반복될수록 관계는 쉽게 복잡해진다. 사실 대부분의 관계 갈등은 잘못이 아니라 서로 말하지 않은 기대가 다르게 작동하기 때문에 생기는 만큼 이 기대의 존재를 알아차리는 것만으로도 마음이 한결 부드러워진다.

중요한 기준이 서로 다르다

어떤 사람은 대화를 통해 서로의 감정을 확인하는 방식을 중요하게 여기고 다른 사람은 실질적인 행동이나 태도에서 신뢰를 느끼기 때문에 같은 상황에서도 관계가 흔들리는 지점은 서로 다르게 나타난다. 예를 들어 누군가는 사소한 변화라도 바로 말해주는 것을 중요하게 생각하는 반면 또 다른 누군가는 필요할 때만 이야기하면 된다고 생각해 말을 아끼는데 이 차이가 서로를 오해하게 만든다. 한 사람은 말이 없다는 이유로 자신을 배려하지 않는다고 느끼고 다른 사람은 굳이 자주 말할 필요가 없다고 느끼기 때문에 작은 행동 차이가 관계의 골이 되는 순간이 생긴다. 나에게 중요하다고 느껴지는 기준이 상대에게는 별 의미가 없는 경우도 많아 서로의 기준을 모른 채 기대만 키우면 관계는 금세 무겁고 어려운 방향으로 흘러간다.

감정의 속도가 다르게 움직인다

누구나 감정이 올라오는 속도와 가라앉는 속도가 다르고 그 흐름 또한 날마다 달라서 같은 말을 들어도 즉각적으로 반응하는 사람이 있는 반면 천천히 받아들이는 사람이 있다. 문제는 이 차이를 서로가 이해하지 못한 채 상대에게 나의 속도를 강요할 때 생기는데 한쪽은 빨리 이야기하고 싶고 다른 한쪽은 마음을 정리할 시간이 필요한데 이 차이가 간격을 만들며 관계가 어긋나는 것이다. 어떤 사람은 말로 감정을 확 풀어내야 가벼워지고 어떤 사람은 혼자 조용히 시간을 보내야 마음이 정리되는데 서로의 방식이 다르다는 사실을 모르면 한쪽은 답답함을 느끼고 다른 한쪽은 몰아세운다고 느끼며 관계가 점점 불편해진다. 감정의 속도는 눈에 보이지 않기 때문에 '왜 나와 다를까?'를 고민하기보다는 '이 사람에게 필요한 속도는 무엇일까?'를 떠올리는 태도가 관계를 훨씬 부드럽게 만든다.

말하지 않은 감정이 쌓인다

작은 불편함이나 사소한 걱정은 표현하지 않아도 괜찮을 것 같아 넘기지만 이런 감정이 반복되면 어느 순간 마음속에 덩어리처럼 쌓이고 그 덩어리가 관계를 무겁게 만든다. 처음에는 정말 별것 아니었지만 계속해서 반복되면 의미가 달라져 결국 작은 의심이나 섭섭함이 큰 문제처럼 느껴진다. 예를 들어 상대가 어떤 말투를 반복적으로 사용할 때 처음에는 신경 쓰지 않다가 어느 순간 그 말투가 마음을 긁는 것처럼 느껴진다면 이는 단순히 그 말투 자체가 문제가 아니라 그동안 말하지 못한 감정이 조금씩 쌓여 의미가 달라졌다는 뜻이다. 관계는 감정이 쌓이는 속도를 쉽게 예측할 수 없어 어느 순간 갑자기 어려워졌다고 느껴지는데 사실은 오랫동안 쌓인 작은 감정들이 한꺼번에 드러난 결과일 때가 많다.

같은 말을 다르게 듣는다

같은 문장을 들었는데도 사람마다 받아들이는 방식이 다르기 때문에 서로의 말이 엇갈리는 일이 자주 일어난다. 예를 들어 '오늘 좀 피곤해 보여'라는 말을 누군가는 걱정과 배려로 받아들이지만 또 다른 누군가는 지적처럼 듣고 불편함을 느끼는데 이 차이는 말하는 사람의 의도와 듣는 사람의 마음 상태가 다르기 때문에 생긴다. 우리는 말을 들을 때 상대의 의도보다 내 감정과 경험을 기준으로 해석하는 경우가 많아서 똑같은 말도 기분 좋게 들릴 때도 있고 날카롭게 들릴 때도 있다. 이 차이가 반복되면 서로가 서로를 제대로 이해하지 못한다고 느끼게 되며 관계는 조금씩 긴장감을 얻게 된다. 중요한 것은 말 그 자체보다 '이 말을 지금 어떤 감정으로 듣고 있는가?'라는 내 마음의 상태라는 점을 이해하면 관계에서 느끼는 어려움이 조금씩 부드러워진다.

다름을 인정하는 일이 어렵다

우리는 다름을 존중해야 한다는 말을 알고 있지만 실제로는 내 방식이 자연스럽고 익숙하기 때문에 상대의 방식이 다르게 보이면 무의식적으로 평가하거나 바꾸고 싶다는 마음이 생긴다. 하지만 상대도 자신만의 기준과 감정의 흐름을 가지고 있기 때문에 내 방식과 맞지 않는다고 해서 틀린 것이 아니며 서로의 다름을 어떻게 받아들이냐가 관계의 편안함을 결정한다. 다름을 인정한다는 것은 '저 사람은 원래 저렇구나'라고 단정하는 것이 아니라 '저 사람에게는 저런 이유가 있을 수 있겠구나'라고 여지를 두는 태도에 가깝다. 이 여지가 생기면 상대의 행동을 이해하려는 마음이 생기고 내 기준만으로 판단하는 버릇도 자연스럽게 줄어들며 관계의 압박이 훨씬 가벼워진다.

이유를 이해하면 관계가 편안해진다

우리가 관계에서 어려움을 느끼는 이유는 상대가 나쁘거나 나와 맞지 않아서가 아니라 서로의 속도와 해석 기준, 감정의 움직임이 다르기 때문에 생기는 자연스러운 현상이다. 이 사실을 알게 되면 누군가의 반응을 지나치게 곱씹거나 스스로를 탓하는 마음이 줄어들고 관계는 훨씬 부드러운 흐름을 찾게 된다. 말하지 않은 기대가 서운함으로 바뀌기 전에 작은 감정을 가볍게 표현할 수 있고 상대의 말이

나 행동을 너무 큰 의미로 받아들이지 않아 마음의 부담이 줄어들며 서로의 방식이 달라도 불편함이 아닌 이해로 연결되기 시작한다. 관계는 정답을 찾는 일이 아니라 서로 다른 두 사람이 어떤 방식으로 연결을 이어갈지 천천히 조율해가는 과정이라는 것을 알게 되면 작은 오해도 자연스럽게 풀리고 관계의 무게도 한층 가벼워진다. 결국 관계가 어려워지는 진짜 이유는 서로가 다르기 때문이 아니라 서로의 다름을 이해할 시간이 부족했기 때문이며 이 점을 마음에 담는 순간 사람을 바라보는 시선은 한층 너그러워지고 더 편안해진다.

03
서로 다른 가치관이 충돌하는 순간

사람이 서로에게 다가갈 때 가장 먼저 마주치는 것은 겉으로 드러난 말이나 행동이지만 그 아래에는 보이지 않는 가치관이 조용히 자리하고 있어 같은 장면을 보면서도 전혀 다른 판단을 내리게 한다. 친구와 함께 식당에 갔는데 한 사람은 가격보다 맛을 중시하고 다른 한 사람은 분위기보다 편안함을 중요하게 여기는 것처럼 사소한 선택에서도 각자의 기준이 미묘하게 충돌하며 어느 순간 말하지 않았던 기준이 마음속에서 부딪히기 시작한다. 처음에는 아무렇지 않게 지나갈 수 있는 차이지만 반복될수록 상대가 나와 너무 다르다는 생각이 커지고 이 감정은 자연스럽게 작은 오해의 싹이 된다.

중요하게 여기는 것이 다르다

누군가는 시간을 지키는 것을 신뢰의 핵심으로 여기고 다른 누군가는 약속에 약간 늦어도 대화를 나누는 시간이 더 중요하다고 생각해 같은 상황에서도 전혀 다른 결론을 내린다. 한쪽은 '조금 더 빨리 움직이면 좋겠다'고 느끼고 다른 쪽은 '굳이 서두를 필요가 있나'라고 생각하는데 이 차이가 서로의 마음을 이해하기 어렵게 만든다. 문제는 상대가 틀린 것이 아니라 각자의 삶에서 무엇이 중요한지 다른 방식으로 배워왔기 때문에 기준이 달라진 것이며 이 차이를 이해하지 못하면 작은 행동도 쉽게 갈등의 시작점이 된다.

자라온 배경이 다르게 쌓인다

어떤 집안에서는 솔직함이 최고의 미덕으로 자리 잡혀 있어 마음에 드는 것도, 불편한 것도 바로 말하는 것이 자연스럽지만 또 다른 집안에서는 조심스러움과 배려가 기본으로 자리 잡혀 있어 감정 표현을 최소화하는 것이 관계의 예의라고 여겨진다. 이런 차이가 대화 안에서 부딪히면 한 사람은 '왜 속마음을 말하지 않을까?'라고 답답해하고 다른 사람은 '굳이 말하지 않아도 알 텐데'라고 생각하며 서로에게 상처를 남긴다. 같은 말을 주고받아도 말투나 표현 방식에 따라 의미가 달라지기 때문에 가치관의 차이는 감정보다 훨씬 깊고 천천히 드러나는 법이다.

기준의 차이에서 갈등이 생긴다

가령 누군가는 일을 할 때 완벽함을 중요하게 여기고 다른 사람은 효율과 속도를 우선으로 생각하면 함께 무언가를 할 때 서로의 방식이 어긋나는 순간이 피하기 어렵게 찾아온다. 완벽함을 중요하게 여기는 사람은 꼼꼼함이 배려라고 믿고 효율을 중시하는 사람은 빨리 끝내는 것이 더 도움이 된다고 생각하니 서로의 행동이 오히려 답답하게 느껴진다. 서로가 서로를 오해하기 쉬운 이유는 단순히 성격 차이가 아니라 무엇을 '좋은 방식'이라 생각하는 기준 자체가 다르기 때문이라는 사실을 깨닫는 순간 갈등은 훨씬 부드럽게 다가온다.

가치관이 다르면 '같은 말'도 다르게 들린다

예를 들어 '조금 천천히 해도 괜찮아'라는 말을 어떤 사람은 배려로 받아들이지만 또 다른 사람은 능력에 대한 의심으로 받아들일 수 있는데 이 차이는 말의 내용보다 그 말을 듣는 사람이 가진 가치관에서 비롯된다. '노력하면 된다'라는 말은 성장과 도전의 의미로 들릴 수도 있지만 누군가에게는 책임을 떠넘기는 말처럼 들릴 수 있어 같은 말도 마음속에서 전혀 다른 울림을 만든다. 그래서 가치관의 충돌은 말 한마디에서 시작될 수 있고 그 의미가 달라지는 순간 서로의 마음도 쉽게 엇갈리게 된다.

문제는 가치관이 '정답'이 아니라는 데 있다

사람들은 자신이 옳다고 믿는 기준을 바탕으로 오랫동안 살아왔기 때문에 그 기준이 누군가에게 상처를 줄 수도 있고 누군가에겐 위로가 될 수도 있다는 사실을 쉽게 알아차리지 못한다. 나에게는 당연한 원칙이 상대에게는 무거운 규칙이 될 수 있고 상대에게 자연스러운 행동이 나에게는 이해되지 않는 방식으로 다가올 수 있어 가치관의 충돌은 서로의 옳고 그름을 가르는 문제가 아니다. 서로가 살아온 궤적과 성장 배경에서 비롯된 차이가 자연스럽게 드러나는 과정이며 이 사실을 이해하면 상대를 바꾸려는 마음보다 '왜 그렇게 느낄까?'를 생각하는 마음이 조금씩 자리 잡는다.

서로의 여지를 이해할 때 편안해진다

서로의 기준을 하나로 통일할 필요도 없고 상대의 방식을 억지로 바꾸려고 할 필요도 없으며 오히려 가치관의 차이를 인정하는 순간 관계는 더욱 부드럽고 안정적인 흐름을 찾게 된다. 나의 방식이 전부가 아니라는 사실을 받아들이면 상대의 반응을 지나치게 확대 해석하지 않게 되고 상대의 방식에도 그 나름의 이유가 있다는 사실을 떠올릴 수 있어 충돌은 점점 대화의 기회로 바뀐다. 서로 다른 가치관이 부딪히는 순간을 두려워하지 않고 그 순간을 통해 상대를 더 깊이 이해할 수 있는 계기로 바라볼 수 있게 된다면 관계의 어려움은 자연스럽게 줄어들며 마음속 부담도 한결 가벼워진다.

04
내 마음과 타인의 마음을 다르게 보는 법

어떤 상황에서 내가 느끼는 감정과 상대가 느끼는 감정이 전혀 다른 방향으로 흘러갈 때 마음속에 작은 혼란이 찾아오곤 한다. 같은 장면을 보고도 나는 불편한데 상대는 아무렇지 않아 보이고, 내가 서운함을 느끼는 순간에도 상대는 여전히 평소처럼 행동하는 모습을 보면 '왜 이렇게 다르게 느끼는 걸까?'라는 질문이 생긴다. 이런 차이를 이해하지 못한 채 시간이 지나면 상대의 마음이 어려운 것이 아니라 서로가 바라보는 기준이 다르다는 사실을 모른 채 감정적 충돌이 생겨나고 관계는 조금씩 어긋나기 시작한다.

감정의 기준이 다르다

어떤 말을 들었을 때 나는 오늘의 기분과 피로에 따라 마음이 즉각적으로 흔들리지만 상대는 그 사람이 살아온 경험과 배경을 기준으로 반응하기 때문에 같은 말을 듣고도 전혀 다른 감정을 느낄 수 있다. 예를 들어 '오늘 왜 이렇게 조용해?'라는 말이 나에게는 걱정처럼 들릴 수 있지만 상대에게는 아무 의미 없는 일상의 질문일 때가 있다. 반대로 내가 가볍게 던진 말이 상대에게는 오래된 기억을 건드리는 말이 되어 불편함을 줄 수도 있다. 이 차이는 누구의 잘못이 아니라 서로의 경험을 완전히 알 수 없기 때문에 자연스럽게 생기는 감정의 간극이다.

내가 보는 기준이 보편적인 기준은 아니다

우리는 자신이 느끼는 방식이 모두에게 자연스럽다고 생각하는 경향이 있지만 실제로는 감정의 기준이 사람마다 다르게 형성되어 있다. 어떤 사람은 갈등이 생기면 바로 이야기하는 것이 자연스럽고, 또 어떤 사람은 마음이 정리될 시간을 먼저 필요로 한다. 나에게는 당연하고 자연스러운 방식이 상대에게는 오히려 부담스러울 수 있기 때문에 같은 상황에서도 서로의 반응은 크게 달라질 수 있다. 이 차이를 모른 채 상대를 내 기준으로만 바라보면 마음속 오해는 점점 커지게 된다.

듣는 방식이 달라진다

같은 문장도 어떤 사람은 가볍게 듣고 어떤 사람은 무겁게 받아들이는 이유는 상대가 말을 받아들이는 방식이 다르기 때문이다. 내가 '괜찮아'라고 말해도 어떤 사람은 그 안에 숨은 의미를 찾으려 하고, '별일 아니야'라고 말했음에도 상대는 말투나 분위기를 중심으로 해석하며 전혀 다른 결론에 도달할 수 있다. 말은 같아도 듣는 방식이 다르면 자연스럽게 오해가 생기고, 서로의 방식에 익숙하지 않으면 말의 의미는 금세 서로의 마음속에서 엇갈린다.

마음을 해석하는 틀이 다르다

우리는 대부분 상대를 자신의 기준으로 해석하기 때문에 상대의 마음이 복잡하게 느껴지지만 시선을 조금 바꾸어 보면 전혀 다르게 보이는 순간이 있다. 상대가 예민하게 반응했다고 해서 나를 싫어하거나 무시하는 것이 아니라 단지 그 사람에게는 그런 방식이 익숙하고 자연스러운 것일 수 있다. 마음이 어려운 이유는 감정이 숨겨져 있기 때문이 아니라 서로의 감정 기준을 모르기 때문에 생기는 낯섦이다. 이 틀을 넓히는 것만으로도 상대의 마음은 훨씬 선명하게 보인다.

말하지 않은 감정이 더 많다

표정이나 말투로 드러나는 감정은 마음의 일부일 뿐이고, 말하지 않은 감정은 훨씬 더 큰 비중으로 존재한다. 누군가는 불편해도 조용히 넘기고, 누군가는 괜찮지 않아도 웃으며 행동할 수 있기 때문에 겉으로 보이는 모습만으로 마음을 단정하면 오해가 커진다. 상대가 말하지 않았다고 해서 감정이 없는 것이 아니고, 표현하지 않는다고 해서 마음이 가벼운 것도 아니다. 말하지 않은 감정이 존재한다는 사실을 떠올리면 관계를 바라보는 시선이 훨씬 부드러워진다.

여지를 두는 태도가 필요하다

　모든 마음을 완벽히 맞추는 것은 불가능하지만 상대가 느끼고 있을 여러 '가능성들'을 떠올리는 태도만으로도 관계는 놀랄 만큼 부드러워진다. 내가 느끼는 감정이 전부가 아니라는 관점을 가지면 상대의 반응을 과하게 해석하지 않게 되고 작은 차이도 충분히 설명 가능한 부분으로 받아들일 수 있다. 타인의 마음은 그 사람이 지나온 수많은 경험이 겹쳐 만들어진 것이고 이 다름을 인정하는 태도를 익혀갈수록 마음의 거리는 자연스럽게 좁아지며 관계는 훨씬 편안해진다.

05
관계를 편하게 만드는 관점의 기술

사람과 마주할 때 부담이 느껴지는 순간은 대부분 상황 때문이 아니라 마음이 어느 쪽을 향해 있느냐에 따라 달라진다. 같은 말을 들어도 어떤 날은 편안하게 받아들이고 또 어떤 날은 괜히 예민하게 느껴지며 사소한 행동에도 의미를 찾아 헤매는 일이 생기는데 이 과정에서 관계가 점점 무거워지는 느낌이 쌓이기 시작한다. 상대는 예전과 다르지 않은데도 나 혼자 마음이 흔들려 어색함을 느끼고 그 어색함을 상대에게 투영하다 보면 서로에게 작은 거리감이 생긴다. 이처럼 관계는 특별한 이유 없이 무겁게 느껴지기도 하고, 아무 문제 없어 보이는 순간에도 마음이 불편해지는데 이는 사람 자체가 어렵기 때문이 아니라 관계를 바라보는 관점이 좁아지거나 한쪽으로 치우쳐 있기 때문이다.

관점을 넓히면 가벼워진다

우리는 대부분 상대의 행동을 볼 때 한 가지 기준으로만 해석하는 경우가 많아서 상대가 의도하지 않은 의미를 스스로 만들어내곤 한다. 예를 들어 답장이 조금 늦어지면 바쁘겠거니 넘어갈 수도 있지만 마음이 불안할 때는 '혹시 나에게 관심이 줄어든 건 아닐까?'라는 생각이 떠오르고 그 생각이 마음을 지배할수록 상대의 행동은 모두 의심스럽게 느껴진다. 하지만 관점을 '가능한 이유 여러 가지'로 확장하면 같은 상황도 훨씬 가벼워진다. 상대가 답장을 늦게 하는 이유가 바쁠 수도 있고 휴식을 취하고 있었을 수도 있고 단순히 생각을 정리하고 있었을 수도 있다는 여러 가능성을 마음에 두는 순간 관계는 지금보다 훨씬 편안해진다. 관점을 넓힌다는 것은 상대를 완벽하게 이해하는 것이 아니라 한 가지 해석으로 고정하지 않는 태도에 가까운 것이다.

상황을 보면 부드러워진다

누군가가 무심한 말투로 대답했을 때 우리는 그 속에서 나를 향한 마음을 찾으려 하지만 실제로는 그 사람이 처한 상황이 그 반응을 만들었을 가능성이 훨씬 크다. 일에 집중하고 있거나 피곤하거나 하루 종일 여러 사람과 대화를 나누느라 에너지가 고갈된 상태에서는 말투가 자연스럽게 짧아질 수 있는데 이를 마음의 문제로 해석하면 관계가 복잡해진다. '저 사람은 왜 저렇게 퉁명스럽게 말할까?'라는 관점에서 '지금 이 사람에게 어떤 상황이 있나'라는 관점으로 시선을 돌리면 불편함은 금세 누그러지고 마음은 훨씬 가벼워진다. 의도를 단정하지 않고 상황의 다양한 가능성을 떠올리는 관점은 관계에서 불필요한 상처를 크게 줄여준다.

감정의 온도를 살피면 달라진다

말의 내용만 보면 차갑거나 예민하게 들릴 수 있지만 감정의 온도로 바라보면 전혀 다른 의미가 보인다. 예를 들어 '그건 좀 아닌 것 같아'라는 말이 단순히 비판처럼 들릴 수 있지만 상대가 조심스럽게 말하려 한 흔적이 보인다면 이는 관계를 지키고 싶은 마음에서 나온 표현일 수도 있다. 반대로 아무렇지 않게 보이는 말조차 마음이 예민한 시기에는 날카롭게 들릴 수 있으므로 내 감정의 온도 역시 함께 살펴보아야 한다. 관점을 감정의 흐름에 맞추면 말의 표면보다 그 아래에 숨은 마음을 조금 더 선명하게 바라볼 수 있고 서로의 다름을 받아들이는 마음의 여유도 자연스럽게 생긴다.

상대의 방식도 자연스럽다

모든 사람은 자신에게 익숙한 방식으로 움직이고 말하고 감정을 표현하기 때문에 내 기준에서 이해되지 않는다고 해서 잘못된 것이 아니다. 어떤 사람은 감정을 바로 표현하는 것이 편하고 또 다른 사람은 감정을 다듬어 말하는 편이 더 자연스러울 수 있으며 어떤 사람은 문제를 빠르게 해결하려 하고 어떤 사람은 충분한 시간이 필요하다. 이런 방식의 차이를 판단이나 비교 없이 받아들이는 관점은 관계에 있는 긴장을 크게 줄여주고 서로 다른 모습이 무겁지 않고 자연스럽게 느껴지게 한다. '저 사람에게는 저 방식이 편한 거구나'라는 관점은 상대의 행동을 이해하려는 마음을 키우고 불필요한 오해를 줄이는 힘을 가진다.

말하지 않은 감정도 흐른다

상대는 말하지 않았지만 분명히 느끼고 있는 감정이 있고 나 또한 말로 표현하기 어려운 감정을 품고 있기 때문에 관계는 언제나 말과 말 사이에서 흔들릴 수 있다. 하지만 말하지 않은 감정까지 억지로 해석하려 하거나 모든 행동에 의미를 찾아내려 하면 관계는 더 무거워진다. 오히려 모든 감정을 말로 확인해야 한다는 관찰에서 벗어나 "이 사람도 지금 자신의 감정을 정리하는 중일 수 있다"라는 관점을 갖는 것이 관계를 훨씬 편안하게 만든다. 감정은 시간이 지나며 자연스럽게 흘러가기도 하고 상대가 준비되었을 때 비로소 말로 나오는 경우도 많으므로 말하지 않은 감정을 억지로 끌어올리려 하지 않는 태도는 관계를 안정적으로 만들어준다.

정답보다 이해가 편안하다

상대의 행동을 정확히 맞히려는 시선으로 바라보면 작은 말투 하나에도 불안해지고 사소한 차이에도 의미를 과하게 부여하게 된다. 하지만 상대를 이해하려는 시선으로 바라보면 완벽한 해답이 없어도 마음이 편안해지고 관계의 압박도 자연스럽게 줄어든다. 이해하려는 시선은 상대가 나에게 보여준 모든 행동에 깊은 의미가 있다고 생각하지 않고, 그 행동이 어떤 감정이나 상황에서 나왔을지 여러 가능성을 떠올리며 마음의 여지를 남겨두는 태도를 말한다. 이 여지가 넓어질수록 관계는 더 부드러워지고 서로의 다름도 자연스럽게 받아들일 수 있게 된다.

관점이 바뀌면 관계가 달라진다

상대의 행동을 한 가지 기준으로 보지 않고 여러 관점으로 다시 바라보면 같은 사람도 전혀 새로운 모습으로 보이기 시작하며 불편했던 순간들도 자연스럽게 풀린다. 내가 느끼는 감정이 전부가 아니라는 관점을 가지면 상대의 말과 행동에 덜 흔들리게 되고 작은 차이도 오해로 이어지지 않는다. 관계는 서로가 서로를 완벽히 이해해야 유지되는 것이 아니라 서로의 다른 방식과 감정의 흐름을 받아들이는 관점이 넓어질 때 훨씬 안정적이고 편안하게 흐르게 된다. 결국 관계를 편하게 만드는 기술은 특별한 능력이 아니라 관점을 한 걸음 옮기는 작은 태도에서 시작되고 이 태도가 익숙해질수록 사람을 대하는 마음은 한층 너그러워지며 일상의 관계 또한 자연스럽게 가벼워진다.

8장

나에게 맞는
삶을 찾는 철학

01
나는 무엇을 원하고 있는가

가끔은 아무 일도 일어나지 않은 평범한 순간에 문득 마음이 멈춘 듯 조용해지며 내가 지금 어디쯤 와 있는지 스스로에게 묻고 싶은 때가 찾아온다. 해야 할 일은 많은데 정작 무엇이 중요한지 분명하지 않고, 주변 사람들의 속도와 기대에 맞추다 보니 어느새 내가 바라는 것이 무엇이었는지 흐릿해지는 순간이 생긴다. 분명 열심히 살아가고 있는데도 왜 마음속 어딘가가 텅 비어 있는 것 같은 느낌이 드는지, 내가 진짜 원하는 방향을 따라가고 있는지 헷갈릴 때 우리는 처음으로 자신에게 조용히 질문을 던지기 시작한다. 이 질문은 거창한 인생 계획을 세우기 위한 것도 아니고 무언가를 갑자기 바꾸려는 마음도 아니며 그저 지금 이 자리에서 내가 무엇을 원하는 사람인지 알아가는 작은 시도일 뿐이다.

바깥의 기준이 마음을 흐리게 한다

누구나 살아가면서 여러 기준 속에서 선택을 내려야 하고 많은 순간 그 기준은 나의 마음이 아니라 주변 환경과 기대에서 시작된다. 사람들은 '이 정도는 해야 하지 않을까?', '이게 맞는 선택 아닐까?'라는 생각을 먼저 떠올리고 자신의 감정은 그 뒤에 배치하는 경우가 많다. 그래서 자연스럽게 남들의 기준이 나의 기준이 되고 어느 순간에는 그 기준이 진짜 내 마음인지 구분하기 어려워진다. 예를 들어 새로운 일을 시작하고 싶다는 마음이 생겼을 때도 '지금은 때가 아닐지도 몰라', '안정이 먼저야'라는 생각이 앞서면 처음에 느꼈던 설렘은 금세 사라지고 그동안 마음 깊은 곳에 있던 소망은 서서히 희미해진다. 이런 흐름이 반복될수록 우리는 내가 무엇을 원하는지 알기보다 '무엇을 원해야 하는지'를 먼저 떠올리게 되며 그 과정에서 마음의 방향은 조금씩 엇나간다.

마음은 작은 편안함에서 드러난다

사람들은 내가 무엇을 원하는지 찾으려 할 때 대단한 목표나 큰 계획을 먼저 떠올리지만 실제로 마음이 진짜 원하는 것은 일상의 아주 작은 순간에서 드러난다. 편안함을 느끼는 장소가 어디인지, 어떤 대화에서 마음이 밝아지는지, 어떤 사람과 있을 때 자연스러워지는지 같은 소소한 순간들이 진짜 소망의 방향을 조용히 알려준다. 예를 들어 혼자 있는 시간을 사랑하는 사람은 많은 사람들 사이에서 인정받는 삶보다 자신만의 조용한 리듬을 찾는 삶에 끌릴 수 있고, 누군가를 돕는 순간에 따뜻함을 느끼는 사람은 경쟁 중심의 환경보다 관계가 중심이 되는 삶에서 더 큰 만족을 느낄 수 있다. 이런 작은 편안함을 무시하면 마음은 점점 방향을 잃고 반대로 그 감각을 따라가면 자연스럽게 나에게 맞는 길이 보이기 시작한다.

욕심의 출처를 들여다봐야 한다

우리 안에는 여러 소망이 동시에 존재하고 그중에는 오래된 꿈도 있고 순간적인 감정이 만들어낸 소망도 있어 이 둘을 구분하지 못한 채 움직이면 마음이 쉽게 흔들린다. 그래서 뭔가를 원한다는 마음이 들었을 때 그 욕구를 억누르기보다는 '이 마음이 어디에서 왔는가'를 조용히 살펴보는 것이 더 도움이 된다. 누군가는 동기 부여 영상을 보고 새로운 꿈이 생긴 것처럼 느끼지만 몇 시간만 지나도 불씨가 사라지기도 하고, 반대로 주변 사람 누구도 이해하지 못하는 소망이 오래도록 마음속에 남아 있는 경우도 있다. 오래 머무는 마음은 대개 진짜 원하는 것이고 순간적으로 스쳐 지나가는 감정은 종종 외부 자극에서 비롯된다. 이 차이를 구분하는 힘이 생기면 '원하는 것'은 더 정직하게 모습을 드러낸다.

반복되는 패턴이 힌트를 준다

사람은 자신이 무엇을 좋아하는지, 무엇을 불편해하는지, 어떤 순간에 마음이 안정되는지 모를 때도 행동은 이미 그 방향을 따라가고 있는 경우가 많다. 계속 가고 싶은 장소, 자꾸 손이 가는 취미, 여러 선택지 중에서 늘 비슷한 것을 고르게 되는 경향은 모두 마음이 보내는 신호다. 예를 들어 바쁜 일상 속에서도 시간이 나면 꼭 산책을 나가는 사람은 생각보다 자연에서 힘을 얻는 사람일 수 있고, 작은 계획을 세워 차근히 실천하는 것을 좋아하는 사람은 안정과 균형이 삶의 중요한 요소일 수 있다. 마음이 말로 표현되지 않아도 이런 패턴은 나에게 맞는 삶의 형태를 조용히 가리키고 있어 스스로를 이해하는 데 큰 길잡이가 된다.

비교하지 않을 때 마음이 보인다

사람들은 자신이 무엇을 원하는지 찾기보다 남들과 비교하며 자신이 어떤 선택을 해야 할지 결정하려는 경우가 많아 이 과정에서 마음이 흐려진다. 남들이 하는 일을 따라가다 보면 겉으로 보기에는 성공처럼 보일 수 있지만 마음은 점점 지쳐가고 어느 순간 '왜 나는 여전히 만족스럽지 않을까?'라는 질문과 마주하게 된다. 비교를 내려놓는다는 것은 세상과 단절하라는 뜻이 아니라 내 마음의 속도와 다른 사람의 속도가 다르다는 사실을 인정하는 태도다. 누군가는 빠르게 움직이는 것이 자연스럽고 누군가는 천천히 다듬으며 가는 것이 더 잘 맞는데 이 차이는 능력의 문제가 아니라 삶의 리듬이 다른 것뿐이다. 비교하는 눈을 잠시 내려두는 순간 비로소 마음의 목소리가 들리기 시작한다.

지금의 나를 볼 때 삶이 선명해진다

사람들은 무엇을 원하는지 찾을 때 지금의 자신을 기준으로 삼지 않고 언젠가 더 완벽해질 미래의 모습만 떠올리곤 한다. 하지만 지금의 나를 존중하지 못하면 미래의 소망도 모래 위에 쓴 글씨처럼 금방 지워져 버린다. 지금의 나는 어떤 사람인지, 어떤 삶이 편안한지, 어떤 관계에서 숨이 쉬어지는지, 어떤 순간에 마음이 따뜻해지는지 살펴보면 내가 원하는 삶의 형태는 이미 조용히 모습을 드러내고 있다. 스스로를 있는 그대로 받아들이는 태도는 나의 기준을 희미하게 만들던 바깥의 기준을 자연스럽게 지워주고 그 과정에서 진짜 원하는 삶의 형태가 선명하게 떠오른다.

작은 감정에서 길이 시작된다

우리가 원하는 삶은 어느 날 갑자기 큰 결심으로 찾아오는 것이 아니라 일상에서 반복되어 온 작은 감정의 흔적들이 모여서 만들어진다. 오늘 좋았던 순간이 무엇인지, 가볍게 미소가 지어진 일이 무엇인지, 마음이 편안해졌던 시간이 언제였는지 떠올려 보면 그 안에 이미 '나의 방향'이 담겨 있다. 사람이 원하는 것은 결국 자신의 마음이 편안해지는 삶, 자연스럽게 숨 쉴 수 있는 환경, 나를 억누르지 않는 속도에서 자란다. 이런 작은 흔적을 놓치지 않는다면 삶은 지나치게 복잡해지지 않고 오히려 자신에게 맞는 길이 천천히 열리는 느낌을 주게 된다.

원하는 길은 스스로 발견하는 것이다

어떤 사람은 의미 있는 일을 하고 싶어 하고 어떤 사람은 마음의 평화를 원하며 또 어떤 사람은 관계에서 따뜻함을 찾고자 한다. 그 어느 것도 틀린 소망이 아니며 삶을 어느 방향으로 만들고 싶은지는 오직 나만이 알고 있다. 마음은 단순하며 동시에 섬세해서 누군가의 기준에 맞추어 길을 선택하면 금세 지쳐버리지만, 나에게 맞는 방향을 따라가면 속도가 느려도 자연스럽게 만족이 생긴다. 이처럼 자신에게 조용히 귀를 기울일 수 있을 때 비로소 '나는 무엇을 원하고 있는가?'라는 질문은 부담이 아닌 삶을 정리해주는 따뜻한 나침반이 된다. 마음속 깊은 곳에서 흘러나오는 작은 목소리를 따라가는 일은 결코 거창한 목표를 향한 도약이 아니라 나에게 어울리는 삶을 천천히 찾아가는 과정이며 이 과정이 자연스러워질 때 삶의 흐름은 한층 부드러워지고 나만의 속도가 조용히 자리 잡기 시작한다.

02
삶이 복잡해지는 이유를 이해한다

일상을 보내다 보면 특별한 사건이 없어도 마음이 이유 없이 어지러워지는 순간이 찾아올 때가 있다. 해야 할 일들은 일정하게 놓여 있지만 막상 손이 잘 가지 않고, 마음속에는 설명하기 어려운 답답함이 자리 잡아 무엇부터 정리해야 하는지조차 혼란스러워진다. 누군가는 이런 순간을 '요즘 별일 없는데도 이상하게 복잡해'라고 표현하는데, 사실 이런 느낌은 삶이 갑자기 어려워져서가 아니라 마음 안에 쌓인 여러 요소들이 서로 얽히며 자연스럽게 만들어낸 흐름에 가깝다. 그래서 복잡함을 풀기 위한 첫걸음은 그것을 없애려는 것이 아니라 왜 생겨나는지를 이해하는 데서 시작된다.

생각이 겹쳐질 때 복잡함이 커진다

사람의 마음은 한 번에 한 가지만 떠올릴 수 있는 것처럼 보이지만 실제로는 여러 생각이 동시에 올라오며 서로 부딪히는 경우가 많다. '지금은 쉬고 싶은데 해야 할 일도 많은데 어떡하지'처럼 두 가지 욕구가 동시에 존재할 때 마음은 더 혼란스러워지고, 단순한 고민도 복잡하게 느껴진다. 이런 겹침을 알아차리는 순간 복잡함은 갑자기 생긴 문제가 아니라 마음의 자연스러운 반응임을 이해하게 된다.

감정이 얹힐 때 판단이 흐려진다

삶이 복잡해지는 순간에는 감정이 생각 위에 얇게 겹쳐져 상황을 더 무겁게 만든다. 작은 서운함이나 피로가 쌓이면 사소한 일도 크게 느껴지고 해결 가능한 문제조차 더 어렵게 느껴진다. 이렇게 감정이 사고의 방향을 흐리는 이유는 마음이 지금 어디가 지쳐 있는지를 조용히 알려주는 신호이기 때문이며, 이 신호를 이해하려는 태도를 갖는 것만으로도 복잡함은 조금씩 가벼워진다.

해야 하는 일과 하고 싶은 일이 충돌할 때 흐름이 무거워진다

삶 속에는 해야 하는 일과 마음이 원하는 일이 동시에 존재한다. 휴식이 필요하다는 것을 알면서도 일정이 밀려 있으면 갈등이 생기는데, 이런 충돌을 사람들은 종종 '내가 게으른가?'라고 오해한다. 그러나 이는 결함이 아니라 마음의 방향과 현실의 요구가 잠시 어긋난 데서 비롯된 자연스러운 현상이다.

생각이 정리되지 않을 때 선택이 더 어려워진다

해야 할 일은 분명 존재하는데 무엇부터 해야 할지 모르는 순간은 일이 많아서가 아니라 마음속 우선순위가 정리되지 않았기 때문이다. 마음 안의 공간이 빼곡히 차 있을 때 복잡함은 더 크게 느껴지고, 잠시 멈춰 떠오르는 생각들을 가만히 바라보는 것만으로도 흐름은 빠르게 정돈되기 시작한다.

남의 기대를 의식할 때 마음의 방향이 흐려진다

삶이 복잡해지는 이유 중 하나는 자신의 기준보다 다른 사람의 시선을 먼저 고려할 때다. 기대에 맞추려 하거나 인정받기 위해 노력하는 과정에서 마음은 점차 자신의 방향을 잃고 '내가 원하는 것'이 무엇인지 흐려지기 쉽다. 외부 기준에서 벗어나는 순간 복잡해 보이던 문제들도 조금씩 본래의 크기를 되찾는다.

정리되지 않은 감정들이 하루 곳곳에서 모습을 드러낸다

해결되지 않은 감정은 전혀 상관없어 보이는 상황에서도 갑자기 드러나 하루의 흐름을 무겁게 만든다. 오래 미뤄 둔 불안이나 마음속 응어리는 작은 자극에도 쉽게 흔들리고, 이는 감정이 문제를 방해하려는 것이 아니라 '나를 좀 들여다봐 달라'고 조용히 말하는 방식이다.

복잡함은 방향을 찾고 있다는 신호다

복잡함은 피해야 할 감정이 아니라 마음이 변화의 문턱에 서 있을 때 자연스럽게 나타나는 흐름이다. 해결되지 않은 감정들이 보이고,

여러 목소리가 겹치고, 마음이 나에게 맞는 방향을 찾기 위해 다양한 신호를 보내는 과정에서 복잡함은 생겨난다. 이 흐름을 이해하는 순간 복잡함은 부담이 아니라 마음을 들여다볼 수 있는 기회가 되고 삶의 균형도 조금씩 자리를 찾아가기 시작한다.

마음은 복잡함을 통해 스스로의 필요를 알려준다

복잡해지는 순간은 마음이 '조금 쉬어가야 한다', '방향을 다시 맞추자', '지금 중요한 것이 따로 있다'는 메시지를 보내는 방식일 때가 많다. 단순히 감정이 어지러운 것이 아니라 마음이 내게 필요한 것들을 정리하라고 조용히 신호를 보내고 있는 것이다. 이 신호를 억누르기보다 받아들일 때 복잡함 속에서도 흐름이 차분히 정리되기 시작한다.

복잡함을 이해하면 삶은 더 부드럽게 흘러간다

복잡함을 문제로만 바라보면 마음은 계속 답답해지지만, 그것을 하나의 과정으로 받아들이면 흐름이 훨씬 부드러워진다. 복잡함은 나약함이 아니라 마음이 변화와 성장을 준비하는 자연스러운 단계이며, 이 단계를 지나면 생각은 더 선명해지고 선택은 이전보다 훨씬 가벼워진다. 복잡함을 이해하는 태도는 결국 스스로를 이해하는 힘으로 이어지고 삶 전체의 리듬도 한층 안정적으로 흘러가기 시작한다.

03
때로는 내려놓음이 선택이 되는 순간

살아가다 보면 마음이 한순간 잠시 멈춘 듯 느껴지는 날이 있다. 할 일은 많고 책임도 분명하지만 이상하게 집중이 잘 되지 않고, 아무리 애를 써도 생각이 엉키는 날이 찾아온다. 이런 순간에는 무언가를 더 붙잡고 있어야 할 것 같은 압박감이 들지만 마음 한편에서는 조용히 놓아주고 싶다는 감정이 싹 튼다. 우리가 흔히 '지치나 보다'라고 생각하는 이러한 감정은 단순한 피로의 신호가 아니라 마음이 스스로에게 보내는 중요한 메시지일 때가 많다. 내려놓는다는 것은 도망치거나 포기하는 것이 아니라 지금의 나에게 맞지 않는 무게를 자연스럽게 덜어내는 과정일 수 있다.

버티는 것보다 가벼워지는 것이 더 중요한 순간이 있다

사람들은 무언가를 오래 붙잡고 있을수록 책임감 있고 성실하다고 느끼며 내려놓는 행동은 약함이나 회피처럼 보일까 두려워한다.

하지만 모든 상황에서 버티는 것이 옳은 선택은 아니며 때로는 무게를 덜어내야 비로소 더 멀리 갈 수 있는 힘이 생긴다. 예를 들어 어떤 사람은 맡은 일을 끝까지 책임지고 싶어 계속 버티지만 마음속에서는 이미 상황이 자신의 능력과 에너지를 넘어섰다는 신호가 반복된다. 이 순간에도 억지로 버티면 결국 마음이 먼저 닳아버리지만 내려놓는다면 새로운 선택을 할 수 있는 여유가 다시 생긴다. 내려놓음은 후퇴가 아니라 균형을 되찾기 위한 자연스러운 흐름에 더 가깝다.

맞지 않는 길은 노력으로도 편안해지지 않는다

어떤 사람들은 오래 고민해 선택한 길이지만 막상 걸어보면 자신과 맞지 않는다는 느낌을 받는다. 주변에서는 '조금만 더 해보라'고 말하고, 스스로도 '이 정도는 이겨내야 하지 않을까?'라고 생각하지만 마음의 불편함은 시간이 흐를수록 더 분명해진다. 예를 들어 잘 맞지 않는 직업이나 관계 속에서 억지로 웃음을 유지하려 하면 마음은 이미 그곳을 떠났기 때문에 아무리 노력해도 편안함이 찾아오지 않는다. 내려놓음이 선택이 되는 순간은 이 불편함이 내 탓이 아니라 삶의 방향이 나와 맞지 않다는 사실을 이해하는 순간이며 그때 비로소 새로운 길에 대해 생각할 용기가 생긴다.

비워야 들어오는 것들이 분명 존재한다

사람의 마음은 일정한 공간을 가진 그릇과 비슷해서 기존에 무언가 가득 차 있는 상태에서는 새로운 감정이나 선택이 들어오기 어렵다. 그래서 내려놓음은 어떤 것을 포기하는 행동이라기보다 마음의 공간을 비우는 과정에 가깝다. 예를 들어 오래 붙잡고 있던 목표가 있었지만 시간이 지나며 동기가 사라지고 부담만 남게 되었다면 그 목표를 내려놓는 것이 오히려 마음의 여유를 만든다. 이렇게 생긴 공간에는 새롭게 떠오르는 관심이나 삶의 조용한 변화들이 자연스럽게 들어올 수 있다. 비워야 채워지는 흐름을 이해하면 내려놓음은 무언가를 잃는 일이 아니라 나에게 맞는 것을 다시 채우는 과정이 된다.

관계에서도 내려놓음이 필요할 때가 있다

모든 관계는 같은 속도로 흐르지 않을 뿐만 아니라 모든 관계가 계속 유지될 필요도 없다. 어떤 사람과의 관계는 시간이 흐르며 자연스럽게 멀어지고 다른 사람과의 관계는 갑자기 가까워지기도 한다. 하지만 우리는 사람 사이의 거리 변화에 익숙하지 않아 억지로 유지하려 하거나 예전처럼 되기를 바라는 마음 때문에 스스로를 더 힘들게 한다. 관계를 내려놓는다는 것은 누군가를 밀어내는 것이 아니라 서로의 삶의 속도가 달라졌음을 인정하는 과정이며 때로는 마음을 지키기 위한 잘못되지 않은 선택이다. 억지로 붙잡으려 하지 않는 순간 관계는 자연스러운 흐름을 찾고 마음은 더 부드러운 자리를 향해 흘러간다.

완벽하려는 마음을 잠시 내려놓을 때 삶은 부드러워진다

우리 안에는 누구보다 잘하고 싶은 마음, 더 좋은 모습으로 보이고 싶은 마음이 자연스럽게 존재하지만 이 마음이 지나치게 강해지면 스스로를 채찍질하게 된다. 모든 일을 완벽하게 해내야 한다는 압박감은 결국 마음의 여유를 없애고 일상마저 무겁게 만든다. 내려놓음이 선택이 되는 순간은 어쩌면 완벽함보다 온전함을 택하는 순간이며 이때 삶은 조금씩 부드러운 얼굴을 되찾는다. 잘하려는 마음을 잠시 내려놓고 결점을 그대로 받아들이면 마음의 숨통이 트이고 삶의 작은 순간들이 다시 존재감을 드러내기 시작한다.

내려놓음은 다시 나아가기 위한 준비다

사람들은 내려놓는다는 말을 들으면 움직임이 멈추는 것처럼 느끼지만 사실 내려놓음은 방향을 잃지 않기 위한 선택일 때가 많다. 마음의 무게를 덜어내는 시간은 스스로를 다독이고 다시 나아갈 힘을 회복하는 시간과도 같다. 예를 들어 일상에서 휴식을 잠시 선택하는 것은 게으름이 아니라 에너지를 다시 채우기 위한 과정이고, 마음속에 억눌린 감정을 바라보는 시간은 앞으로의 관계를 건강하게 만들기 위한 밑바탕이 된다. 내려놓음은 멈춰 서는 것이 아니라 마음의 흐름을 다시 정리하고 삶의 방향을 더 선명하게 찾는 과정이다.

놓아야 마음의 진짜 소리가 들린다

우리가 무언가를 꽉 잡고 있을 때는 그 무게 때문에 마음의 작은 소리는 잘 들리지 않는다. 하지만 내려놓는 순간 마음속에서는 새로운 목소리가 들리기 시작하고 그 목소리는 '나는 이런 길이 더 편안해'라는 직관에 가까운 메시지를 전해준다. 이런 감각은 억지로 만들어내는 것이 아니라 내려놓아서 생긴 공간 속에서 자연스럽게 올라오는 것이다. 그래서 내려놓는다는 행동은 포기가 아니라 나를 더 잘 이해하기 위한 과정이며 마음의 방향을 되찾기 위한 가장 조용하고 따뜻한 방법이다. 내려놓음이 선택이 되는 순간 우리는 비로소 나에게 맞는 속도를 되찾고 삶은 더 부드럽고 편안한 리듬으로 흘러가기 시작한다.

04
나만의 속도로 살아도 괜찮다는 철학

살다 보면 문득 주변의 속도가 너무 빠르게 느껴질 때가 있다. 사람들은 쉼 없이 움직이고 무언가를 이루어야 한다는 메시지는 계속 쏟아지며, 나만 뒤처지는 것 같은 불안이 마음을 흔든다. 해야 할 일을 충분히 해냈어도 왠지 부족한 것 같고 잠시 쉬고 싶다는 마음이 들면 '이래도 되나?'라는 생각이 스스로를 더 바쁘게 만든다. 그러나 마음속 깊은 곳에서는 조금 더 천천히 걸어도 괜찮지 않을까 하는 작은 목소리가 들려오고 이 목소리를 따라가는 일은 느려지는 것이 아니라 나에게 맞는 리듬을 찾는 시작이 된다.

속도가 다르다고 잘못된 것은 아니다

모든 사람이 같은 속도로 살아갈 필요는 없지만 우리는 주변과 비교하며 속도를 정하려 한다. 누군가는 빠르게 성장하고 누군가는 새로운 일을 시작하지만 그것이 나와 다르다고 해서 내가 뒤처진 것도 실패한 것도 아니다. 어떤 사람은 빠른 변화 속에서 에너지를 얻고 어떤 사람은 느린 호흡에서 생각이 깊어진다. 속도가 다르다는 사실을 인정하는 순간 마음의 긴장은 조금씩 풀리고 나의 속도를 따라가도 괜찮다는 감각이 자연스럽게 자리 잡는다.

느림은 방향을 지켜주는 역할을 한다

사람들은 빠르게 움직일수록 능률이 높아진다고 믿지만 속도가 빨라지면 마음은 예민해지고 판단은 불안정해진다. 반대로 느리게 움직이면 주변의 신호들이 더 잘 보이고 선택의 기준이 명확해진다. 급하게 내린 결정이 후회로 이어지는 이유도 여기에 있다. 속도의 중심을 나에게 맞추면 선택은 조금 늦어지더라도 더 정확해지고 삶의 균형도 잃지 않게 된다.

천천히 가도 여전히 도착할 수 있다

사람들은 속도를 늦추면 원하는 곳에 도달하지 못할까 두려워하지만 경험을 떠올려 보면 서두른 순간보다 천천히 준비한 시간이 더 오래가는 결과를 만든 때가 많다. 빠르게 달린 사람은 금방 지치지만 천천히 단계를 밟아간 사람은 꾸준함이라는 힘을 갖게 된다. 느림은 게으름이 아니라 지속을 가능하게 하는 리듬이며 도달에 필요한 것은 속도가 아니라 방향과 지속성이다. 그리고 이 리듬을 지켜낼 때 비로소 나만의 걸음이 가장 멀리 갈 수 있다는 사실을 깨닫게 된다.

나만의 리듬을 찾으면 일상이 더 깊어진다

삶의 속도를 낮추면 일상의 작은 순간들이 선명해진다. 바쁜 흐름 속에서 무심히 지나치던 소소한 장면들이 느린 흐름 속에서는 마음을 붙잡는다. 잠깐의 여유, 창밖을 보는 몇 초, 따뜻한 말 한마디 같은 작은 순간이 마음의 온도를 바꾸기 때문이다. 느림은 일상의 의미를 더욱 풍부하게 만드는 조용한 힘이 된다.

속도를 낮추는 일은 나를 돌보는 일이다

천천히 가는 것이 불안하게 느껴질 때도 있지만 느려지는 순간은 마음을 다독이는 과정이다. 더 빠르게 가기 위해서는 마음의 공간이 필요한데 이 공간은 느린 시간 속에서 만들어진다. 잠시 멈춰 숨을 고르는 시간은 게으른 것이 아니라 내일의 에너지를 준비하는 과정이며 속도를 줄이면 지친 마음이 다시 회복될 여유가 생긴다. 이렇게 만들어진 작은 여유들은 결국 하루 전체의 흐름을 더 부드럽고 안정적으로 바꾸는 힘이 된다.

비교하지 않을 때 비로소 내 속도가 보인다

타인의 속도는 그 사람의 환경과 감정, 경험으로 만들어진 것이니 나와 동일할 수 없다. 빠른 것이 누군가에게는 자연스럽지만 나에게는 부담이 될 수 있고 반대로 느린 것이 나에게는 가장 자연스러운 흐름일 수도 있다. 비교를 내려놓는 순간 어떤 속도에서 내가 편안한지 비로소 보이기 시작한다.

편안한 속도가 나의 속도다

속도를 정하는 데 가장 중요한 기준은 마음이 편안한가이다. 빠르게 움직일 때 더 생생한 사람도 있고 느릴 때 비로소 자신의 마음을 느끼는 사람도 있다. 마음이 조용해지고 스스로를 온전히 느낄 수 있는 흐름이라면 그것이 바로 나의 속도다. 이 감각을 발견하는 순간 주변의 속도는 더 이상 부담이 되지 않고 삶은 내가 원하는 리듬에 맞춰 자연스럽게 흘러가기 시작한다. 나만의 속도로 살아간다는 것은 나를 존중하는 방식이자 하루를 있는 그대로 받아들이는 가장 따뜻한 태도다.

속도를 맞추는 일은 익숙해진다

느린 속도를 받아들이기 시작하면 삶은 서서히 나에게 맞춰 정돈되기 시작하고 외부의 기준보다 내 마음의 리듬이 중심이 된다. 빠르게 가야 한다는 압박이 줄어들면 작은 선택에서도 불안이 줄어들고 일상의 흐름이 훨씬 부드러워진다. 어느 순간에는 서둘러 도착하는 것보다 나만의 속도로 걸어가는 과정 자체가 더 중요한 의미를 가지게 되고 그 과정 속에서 내가 어떤 마음으로 살아가고 있는지 자연스럽게 알게 된다. 이렇게 속도를 나에게 맞추는 일은 특별한 결심이 아니라 하루의 작은 여유를 통해 조금씩 익숙해지는 태도이며 이 태도는 시간이 지날수록 삶을 더 편안하고 단단하게 만들어준다.

05
오늘부터 적용할 수 있는 작은 태도

하루를 보내다 보면 큰 변화는 바라지 않지만 마음이 조금 더 편안해졌으면 좋겠다는 생각이 들 때가 있다. 해야 할 일은 그대로이고 상황은 크게 달라지지 않았지만 아주 작은 태도 하나가 하루의 무게를 바꿔주는 순간들이 있다. 누군가는 아침에 커피를 내리는 시간, 누군가는 잠깐 창문을 여는 동작에서 마음이 가벼워지는 경험을 하기도 한다. 이런 작은 움직임들은 대단해 보이지 않지만 삶의 리듬을 부드럽게 연결해주는 힘을 가지고 있어 오늘부터라도 조금씩 시작할 수 있는 따뜻한 변화의 출발점이 된다.

잠시 멈춰 숨을 돌리는 시간을 만든다

사람들은 바쁜 흐름 속에서 쉬지 않고 움직이는 것이 효율적이라고 믿지만 마음은 일정한 숨 고르기가 있어야 제 기능을 발휘한다. 하루 중 단 1분이라도 온전히 멈춰 눈을 감고 호흡을 느끼는 순간은 생각보다 큰 효과를 가져오며 복잡한 마음을 정리할 수 있는 공간을 만들어준다. 예를 들어 업무 중 잠깐 자리에서 몸을 돌려 창밖을 바라보는 행동만으로도 마음의 긴장이 풀리고 다시 시작할 힘이 생긴다. 잠시 멈추는 시간은 게으름이 아니라 마음을 지키는 작고 소중한 태도다.

해야 하는 일보다 지금 가능한 일에 집중한다

하루의 할 일 목록을 바라보면 어느 순간 마음이 무겁게 가라앉는 이유는 모든 일을 한 번에 떠올리기 때문이다. 하지만 지금 당장 할 수 있는 단 하나의 일에 집중하면 마음의 혼란은 금세 줄어든다. 작은 일 하나를 마친 경험은 그 다음의 일을 자연스럽게 이어가게 하는 흐름을 만들고 이런 흐름이 반복되면 하루 전체가 훨씬 수월해진다. 예를 들어 책상 위에 흩어진 종이 한 장을 정리하는 것부터 시작하는 작은 행동이 삶의 질서를 다시 세워주는 출발점이 된다. 지금 가능한 일에 집중하면 하루는 복잡하지 않게 흐른다.

감정이 올라올 때 바로 판단하지 않는다

감정은 파도처럼 갑자기 올라오는 경우가 많고 이 순간 판단을 섣불리 내리면 마음이 더 복잡해진다. 예를 들어 누군가의 말에 순간적으로 서운함이 생겼을 때 바로 결론을 내리면 관계는 어렵게 느껴지고 마음속에 작은 갈등이 쌓인다. 하지만 감정이 올라오는 순간 '지금 느끼는 감정이 어떤 색인지'만 조용히 바라보면 감정은 금세 진정된다. 판단을 미루는 태도는 감정을 억누르는 것이 아니라 감정이 지나갈 시간을 주는 행동이며 이 작은 변화만으로도 마음의 균형은 훨씬 안정된다.

작은 기쁨을 흘려보내지 않는다

사람들은 힘든 일은 크게 받아들이면서 기쁜 일은 가볍게 지나쳐 버리는 경향이 있다. 하지만 하루 속에서 스쳐가는 작은 기쁨을 잠시 머무르게 하면 마음의 온도는 눈에 띄게 달라진다. 예를 들어 짧은 칭찬 한마디, 맛있는 음료 한 잔, 따뜻한 햇빛 같은 순간들은 기록하거나 마음속에 살짝 담아두기만 해도 삶의 결이 부드러워진다. 작은 기쁨을 알아채는 감각은 삶을 더 따뜻하게 바라보게 만들고 이런 태도는 그 자체로 하루를 단단하게 지탱해주는 힘이 된다.

스스로에게 너무 큰 기대를 걸지 않는다

많은 사람들은 자신에게 높은 기준을 요구하며 실수나 부족함을 쉽게 용납하지 못한다. 하지만 완벽함을 기준으로 삼으면 마음은 금세 지치고 일상은 무거워진다. 오늘은 조금 잘 안 됐더라도 괜찮다는 태도, 지금 할 수 있는 만큼만 해도 충분하다는 인정은 불안한 마음을 자연스럽게 가라앉힌다. 스스로에게 작은 여유를 허락하는 순간 마음의 긴장은 부드럽게 풀리고 삶의 속도는 나와 맞는 리듬으로 돌아온다. 기대를 줄이는 것이 아니라 자신을 따뜻하게 대하는 방식이 마음의 안정성을 키운다.

하루의 끝에 마음을 정리하는 시간을 둔다

하루 동안 일어난 생각과 감정을 그대로 품고 잠자리에 들면 마음속에는 작은 흔적들이 쌓여 다음 날에도 영향을 준다. 하지만 잠들기 전 몇 분 동안 오늘의 마음을 가볍게 돌아보는 시간은 하루의 흐름을 정리해주는 중요한 태도다. '오늘 좋았던 순간은 무엇이었는가?', '내 마음을 괴롭혔던 것은 무엇이었는가?'를 부드럽게 떠올리는 것만으로도 마음은 차분해지고 스스로를 조금 더 잘 이해할 수 있다. 하루의 끝을 정리하는 태도는 다음 날의 흐름을 부드럽게 만들며 삶을 자신에게 맞는 방향으로 천천히 이끌어준다.

이처럼 작은 태도 하나는 삶을 극적으로 바꾸지는 않지만 마음을 조금 더 부드럽게 만들고 하루의 무게를 가볍게 하는 데 큰 역할을 한다. 오늘부터 실천할 수 있는 작은 변화들은 나에게 맞는 속도로 살아갈 수 있는 힘을 만들어주며 삶은 조금씩, 그러나 확실하게 나만의 방향으로 흘러가기 시작한다.

생각하는 사람들의 비밀 노트 02
처음부터 배우는 철학 수업

초판 1쇄 발행 2026년 1월 20일

지은이 김영도
펴낸이 백광석
펴낸곳 다온길

출판등록 2018년 10월 23일 제2018-000064호
전자우편 baik73@gmail.com

ISBN 979-11-6508-659-6 (03100)

이 책은 저작권법에 따라 보호받는 저작물이므로 무단 전재와 무단 복제를 금지하며, 이 책 내용의 전부 또는 일부를 이용하려면 반드시 저작권자와 다온길의 서면동의를 받아야 합니다.

잘못 만들어진 책은 구입하신 서점에서 교환해 드립니다.
책값은 뒤표지에 있습니다.